Oldenbourg

Erfolg

Effizientes Arbeiten, Entscheiden,
Vermitteln und Lernen

von
Prof. Dr. Kurt Nagel

9. Auflage

Oldenbourg Verlag München Wien

Die Deutsche Bibliothek - CIP-Einheitsaufnahme

Nagel, Kurt:
Erfolg : Effizientes Arbeiten, Entscheiden, Vermitteln und
Lernen / von Kurt Nagel. – 9. Aufl. – München ; Wien :
Oldenbourg, 2001

   ISBN 3-486-25616-5

© 2001 Oldenbourg Wissenschaftsverlag GmbH
Rosenheimer Straße 145, D-81671 München
Telefon: (089) 45051-0
www.oldenbourg-verlag.de

Lektorat: Dr. Georg W. Botz
Herstellung: Rainer Hartl
Umschlagkonzeption: Kraxenberger Kommunikationshaus, München
Gedruckt auf säure- und chlorfreiem Papier
Druck: R. Oldenbourg Graphische Betriebe Druckerei GmbH

Inhaltsverzeichnis

Vorwort 8

1. **Effizienter arbeiten** 10
1.1 Genutzte Zeit ist erfülltes Leben 10
1.2 Empfehlungen für ein effektives Zeitmanagement 11
1.2.1 Klare Zielsetzungen 11
1.2.2 Planen Sie Ihre Aktivitäten 13
1.2.3 Kontrollieren Sie Ihre Ziele und Aktivitäten 17
1.2.4 Zielstrebiges, konzentriertes Arbeiten 18
1.2.5 Vermeidung von Unordnung 19
1.2.6 Vermeidung von Perfektionismus 19
1.2.7 Bekämpfung von Störungen 20
1.2.8 Nutzen Sie Übergangszeiten 22
1.2.9 Denken Sie daran, daß es eine gesunde Art von Streß gibt . 22
1.2.10 Vernünftige Pausen und Freizeit 23
1.2.11 Vernünftige Ernährung, ausreichend Schlaf, Bewegung
und Hobbies 24
1.3 Ausgewählte Beispiele zum Zeitmanagement 25
1.3.1 Rationelles Telefonieren 25
1.3.2 Gezielter Einsatz der Informationsverarbeitung 26
1.3.3 Zeit- und Kosteneinsparungen durch verstärkten Verzicht
auf Papier 30
1.3.4 Maximen für ein erfolgreiches Zeitmanagement im
Tagesablauf 30
1.4 Tips für erfolgreiche Gespräche 33
1.5 Vorschläge für effektive Konferenzen 37
1.6 Hinweise zur Priorisierung der Empfehlungen für ein
effektives Zeitmanagement 41

2. **Rationeller entscheiden** 46
2.1 Bedeutung und Phasen einer systematischen
Entscheidungsfindung 46
2.2 Techniken und institutionalisierte Formen zur Ideenfindung 47
2.2.1 Brainstorming 48
2.2.2 Kartenabfrage 50
2.2.3 Gordon-Methode 53
2.2.4 Methode 635 54
2.2.5 Morphologische Methode 55
2.2.6 Checklisten-Methode 55
2.2.7 Synektik 56
2.2.8 Bionik-Methode 57
2.2.9 Dialektik-Methode 57
2.2.10 Qualitätszirkel 57
2.3 Einsatz von Techniken zur besseren Entscheidungsfindung . 59

2.3.1	Die Nutzwertanalyse	59
2.3.2	Die Entscheidungstabellentechnik	64
3.	**Rationeller vermitteln**	66
3.1	Grundsätzliche Voraussetzungen einer optimalen Wissensvermittlung	66
3.2	Generelle Hinweise zur Verbesserung der Unterrichtsgestaltung	70
3.3	Planung und Vorbereitung eines Referates	72
3.4	Praktische Hinweise zur überzeugenden Durchführung eines Referates	75
3.5	Die gebräuchlichsten Hilfsmittel, ihre Vor- und Nachteile	79
3.6	Gezielte Verwendung visueller Hilfsmittel	83
3.7	Checklisten zur Vermittlungstechnik	85
3.8	Neuzeitliche Vermittlungstechniken	93
4.	**Effizienter Lernen**	98
4.1	Rationeller lernen ist lernbar	98
4.2	Aufbau und Funktionsweise des Gehirns	99
4.2.1	Unterschiedliche Aufgaben und Informationsverarbeitung der beiden Gehirnhälften	99
4.2.2	Anlegen von Denkmustern und Schlüsselkonzepten (Mind Map)	101
4.2.3	Lernhilfen durch Mnemotechnik	103
4.2.4	Richtiges Lernen durch Vernetztes Denken	104
4.3	Zum Lernerfolg bei Kindern, Jugendlichen und Erwachsenen	107
4.4	Wesentliche Einflußgrößen auf den Lernerfolg	110
4.4.1	Lernen durch aktive Mitarbeit	110
4.4.2	Kenntnis des Lernplateaus	113
4.4.3	Physiologisches Leistungsbereitschaft	113
4.4.4	Lernen durch Erkennen des Zusammenhangs und sinnvolle Strukturierung des Lernstoffes	115
4.4.5	Differenzierung der Lernleistungen	116
4.4.6	Zweckmäßig verteilte Wiederholung des Lernstoffes	117
4.4.7	Richtige Zeiteinteilung beim Lernen	118
4.5	Ausgewählte Lernmethoden und Lesetechniken	121
4.5.1	Effiziente Lernmethoden	121
4.5.2	Rationelle Lesetechniken	124
4.6	Antriebe für den Lernerfolg	127
4.6.1	Die Motivation	127
4.6.2	Die Konzentration	129
4.6.3	Die Zeiteinteilung	130
4.6.4	Die Organisation des Arbeitsplatzes	131
4.7	Lernen auf Prüfungen	133
5.	**Erfolgskonzepte**	135
5.1	Beschreibung unterschiedlicher Erfolgskonzepte	135
5.2	Auswahl einzelner Erfolgsstrategien	136
5.2.1	Denis Waitley: Psychologie des Erfolgs	136

5.2.2   Wolfgang Mewes: Energo-Kybernetische Strategie (EKS) .   140
5.2.3   Großmann-Methode   144
5.2.4   Hirt-Methode   147
5.2.5   Kurt Nagel: Das ERFOLG-System   149
5.3   Die bekanntesten persönlichen Erfolgskonzepte in einer
        Synopse   153

**6.   Zusammenhänge zwischen persönlichem und
          unternehmerischem Erfolg**   155

7.   Tests zur erfolgreichen Persönlichkeits-Entwicklung   163
7.1   Persönliche Strategie   170
7.2   Effiziente Selbstorganisation   171
7.3   Nutzung von Informationen   172
7.4   Positive Selbstmotivation   173
7.5   Wirksames Kommunikationssystem   174
7.6   Umfeldorientierung   175
7.7   Persönlichkeits-Analyse   176
7.8   Handlungsstil   180
7.9   Effizientes Zeitmanagement   185
7.10   Kreativität   189
7.11   Streß-Anfälligkeit   191
7.12   Motivations-Verhalten   198
7.13   Gesprächsverhalten   200
7.14   Führungsstil-Analyse   202
7.15   Mitarbeiter-Analyse   208

Literaturverzeichnis   210

Register   214

Vorwort

Der Themenkreis „Rationeller arbeiten, entscheiden, vermitteln und lernen" ist nicht neu. Obwohl diese Problematik schon seit Jahrzehnten diskutiert wird, hat sie nie an Attraktivität verloren. Wer will nicht effizient arbeiten und entscheiden? Und ist es mit dem Lernen nicht wie mit dem Schwimmen gegen den Strom: sobald man aufhört, treibt man zurück.

Das notwendige Wissen schlägt sich in der heutigen Zeit immer schneller um: es gibt Aussagen, wonach in einzelnen Berufen sich das Wissen im Laufe von 3 – 4 Jahren für die kompetente Wahrnehmung einer Aufgabe vollständig erneuert. Dies bedeutet, daß man nicht zuletzt aus beruflichen Gründen darauf angewiesen ist, lebenslang zu lernen. Haben wir es schließlich nicht auch überall mit den Fragen einer effizienten Wissensvermittlung zu tun?

Der Verfasser hat mit dieser Publikation nicht die Absicht, neue wissenschaftliche Erkenntnisse zur Diskussion zu stellen. Es ging ihm bei dieser Ausarbeitung darum, die vorhandenen Informationen und Ergebnisse zusammenzutragen und durch eigene Erfahrungen anzureichern. Der Verfasser hat in den letzten 3 Dekaden zahlreiche Seminare zu diesen Problemfeldern durchgeführt. In vielen Veranstaltungen und Diskussionen wurde ihm immer mehr bewußt, daß es oft ganz einfache Vorschläge sind, die es zu realisieren gilt.

Das vorliegende Buch soll dem Leser eine Reihe von Anregungen zum effizienten Arbeiten, Entscheiden, Vermitteln und Lernen geben. Die im letzten Kapitel ergänzend dargestellten Erfolgskonzepte sollten zeigen, welche Schwerpunkte erfahrene Institutionen für ein erfolgreiches Wirken im weitesten Sinne sehen. Diese Aussagen sind bewußt sehr knapp gehalten. Weitergehende Informationen können von den genannten Organisationen bezogen werden.

Der Verfasser wünscht allen Lesern eine glückliche Hand bei der Umsetzung des einen oder anderen Vorschlages. Denken Sie bitte daran: „Wenn Du lernst, aber nichts veränderst, hast Du nichts gelernt". Daher bewirken Sie etwas. Gerne unterstütze ich Sie bei diesem Prozeß (zur Kontaktaufnahme: Fax-Nummer: 07031/804799).

Viel Erfolg wünscht Ihnen Ihr Kurt Nagel

Was kann ich wie konkret verbessern?

Nr.	WAS	WIE
1		
2		
3		
4		
5		
6		
7		
8		
9		
10		
11		
12		
13		
14		
15		
16		
17		
18		

1. Effizienter arbeiten

1.1 Genutzte Zeit ist erfülltes Leben

Alan Lakein, einer der profilierten Fachleute auf dem Gebiet des Zeitmanagements in den USA, ist der Meinung, daß Zeit nicht nur Geld ist:
Zeit ist das Leben selbst. Für ihn ist die Zeit unwiederbringlich und uner-
setzlich. Daher würde Denis Waitley, ein ebenfalls erfolgreicher Kollege
auf diesem Gebiet, am liebsten ständig eine Kleinanzeige in jeder Zeitung
der Welt unter „Verloren – gefunden" aufgeben: Verloren ein 24stündiger,
24 Karat schwerer goldener Tag... jede Stunde mit 60 diamantenen Minuten besetzt... jede Minute mit 60 Rubinsekunden verziert.

Wenn die Zeit diesen Stellenwert für uns alle hat, dann ist es notwendig,
mit ihr auf das sorgsamste umzugehen. Dies muß aber nicht bedeuten, zum
Zeitfetischisten zu werden. Es geht vielmehr darum, die Zeit zu meistern.
Wir alle passen auf, daß uns die Geldbörse nicht gestohlen wird – wie oft
lassen wir uns dagegen die Zeit stehlen. Dabei geht es bei der Betrachtungsweise der Zeit nicht nur um die Zeit in der kurzen Sicht, sondern auch
über lange Dimensionen hinweg. Vor diesem Hintergrund ist es verständlich, wenn Alan Lakein ausführt: „Wer seine Zeit aus der Hand gleiten
läßt, läßt sein Leben aus der Hand gleiten; wer seine Zeit in der Hand hat,
hat sein Leben in der Hand". Dies bringt Lakein dann zu der Aussage
„Vergeudete Zeit ist vergeudetes Leben – genutzte Zeit ist erfülltes Leben".

Das Bewußtsein, die Zeit richtig zu nutzen, kann unser Leben positiv beeinflussen. Es ist für die meisten Menschen nicht möglich, die Zeit so zu
verwenden, wie sie es gerne sehen würden. Vor allem wirtschaftliche und
soziale Zwänge setzen uns klare Rahmenbedingungen. Hinzu kommt in
vielen Fällen ein hoher Grad von Fremdbestimmung, sei es durch Vorgaben von Chefs, Kunden, Lieferanten, Mitarbeitern oder Familienangehö-
rigen. Die Ausprägung der Außenbestimmung ist je nach der jeweiligen Situation und den ausgewählten Tätigkeiten unterschiedlich. Dennoch haben wir alle die Möglichkeit, unsere Zeitprobleme innerhalb der Rahmenbedingungen besser zu bewältigen. Erinnert sei hier an einen Ausspruch
des römischen Philosophen L. A. Seneca: Es ist nicht wenig Zeit, was wir
haben, sondern es ist viel, was wir nicht nützen.

Im folgenden Kapitel werden Vorschläge für eine effizientere Nutzung der
Zeit gemacht.

1.2 Empfehlungen für ein effektives Zeitmanagement

1.2.1 Klare Zielsetzungen

Thesen:

☐ Nur jemand der klare persönliche und berufliche Ziele hat, weiß mit seiner Zeit umzugehen und ist in der Lage, seine Aufgaben zielorientiert anzugehen. Christian Morgenstern: Wer vom Ziel nicht weiß, kann den Weg nicht haben.

☐ Setze Ziele (beruflich und privat):
  ○ welche Lebensziele habe ich?
  ○ wie würde ich gern die nächsten 3 Jahre verbringen?
  ○ wie sehe ich die nächsten 6 Monate?

☐ Eine eindeutige Zielsetzung ist die beste Motivation bei der Zeitstrategie.

☐ Verschleißen Sie Ihre Kräfte nicht mit Dingen, die Ihnen nicht liegen und Sie von Ihren eigentlichen Zielen ablenken. Dieses Prinzip gilt auch für Ihr Privatleben.

☐ Die Ziele müssen
  ○ realistisch sein
  ○ konkret formuliert werden und
    (*Was* soll bis *wann wie* erreicht werden)
  ○ in meßbare Teilziele unterteilt werden.

☐ Teilziele geben Sicherheit und Arbeitsantrieb.

☐ Unterteilen Sie die Ziele in A-, B- und C-Ziele (A = wichtigste Ziele, C = die wenig wichtigen Ziele).

☐ Eine erfolgreiche Zeitplanung kann nur schriftlich geschehen.

Beispiel:

Formulieren der Arbeitsziele nach konkreten Einzelzielen (Leistungsziele)

☐ Erfolgreiche Organisationen setzen das Instrument der schriftlichen Leistungsziele bewußt ein.

Muster eines Formblattes zur Zielvereinbarung

Name: Abteilung:

Arbeitsziele und Aufgaben:

Im Rahmen der Aufgabenstellung für 19___ haben wir vereinbart, daß Sie im Verlauf dieses Jahres folgende Ziele verwirklichen. Wir werden im nächsten Beurteilungs-Gespräch die Erfüllung der Ziele und Lösungen der Aufgaben besprechen und bewerten.

Zielsetzungen	Rang (A/B/C)	Termin bzw. Indikator für Erfüllung

_____   _____
Datum   Unterschrift des Mitarbeiters

                                              _____
                                              Unterschrift des Vorgesetzten

☐ Sie gehen dabei von folgenden Grundsätzen aus:

   ○ Jeder Mitarbeiter sollte ein klar umrissenes Ziel von seiner Führungskraft erhalten.

   ○ Die Führungskraft sollte dieses Ziel aus der eigenen Zielvorgabe ableiten.

   ○ Die Ziele sind in einem gemeinsamen Gespräch mit den Mitarbeitern festzulegen.

   ○ Die Ziele dürfen den Grundsätzen, Richtlinien und Programmen nicht widersprechen.

   ○ Die Ziele sind in ihrer Bedeutung zu quantifizieren bzw. in eine Rangreihe zu bringen.

   ○ Die Ziele sind klar abzugrenzen.

   ○ Die Ziele sind in einem Formblatt festzuhalten, dem Mitarbeiter ist eine Kopie auszuhändigen (siehe Muster).

   ○ Die Ziele müssen realistisch und erreichbar formuliert werden.

Kein Wind begünstigt den, der keinen Zielhafen hat!

(Montaigne)

Wer sich in seinem Dasein wie Treibholz im Strom verhält, kann kein Ziel erreichen!

Der Langsamste, der sein Ziel nicht aus den Augen verliert, geht noch immer geschwinder, als der ohne Ziel umherirrt.

(Lessing)

1.2.2 Planen Sie Ihre Aktivitäten

☐ Bestimmen Sie für die Ziele Aktivitäten und versehen Sie diese auch mit Prioritäten.

☐ Bei der Zuordnung von Aktivitäten zur Erreichung der Ziele berücksichtigen Sie folgende Punkte:

   ○ Konzentrieren Sie sich auf die Dinge mit hohem Stellenwert!

     Erst A (*muß* heute erledigt werden), dann B (*sollte* heute erledigt werden), dann C (wäre wünschenswert).

   ○ Es werden nur die Arbeiten durchgeführt, die zur Erreichung der Ziele erforderlich sind.

   ○ Für die Aktivitäten sollten nötige Zeit, die Mittel und die Fähigkeiten zur Verfügung stehen.

   ○ Die einzelnen Arbeiten sind so einzuteilen, daß jede Arbeit in die jeweils günstigste Zeitspanne fällt.

   ☐ Erstellen Sie eine tägliche Aufgabenliste mit Prioritäten.

☐ Denken Sie bei der Zeitplanung immer an das Prinzip der Wirtschaftlichkeit. Verwenden Sie nicht mehr als 10 Minuten für die Zeitplanung des nächsten Tages.

Prioritäten-Analyse

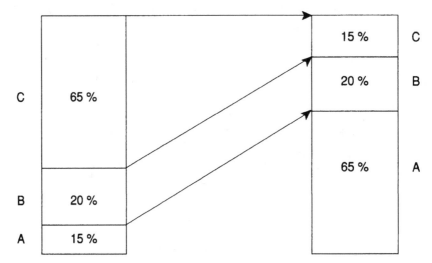

Aufgaben nach Arbeitsmenge   Erfolg nach Zielerreichung

A-Aufgaben:	Sehr wichtige Aufgaben = nicht delegierbar
	15% der Menge aller Aufgaben
	65% Wert für die Zielrichtung
B-Aufgaben:	Durchschnittlich wichtige Aufgaben = delegierbar
	20% der Menge aller Aufgaben
	20% Wert für die Zielerreichung
C-Aufgaben	weniger wichtige Aufgaben = Routinearbeiten
	65% der Menge aller Aufgaben
	15% Wert für die Zielerreichung

Bei der Prioritäten-Zuordnung von Aufgaben beachten:

☐ A-Aufgaben in störungsarmen Zeiten erledigen!

☐ B- und C-Aufgaben (Routineaufgaben) in störungsanfälligeren Zeiten erledigen!

☐ Eine sehr *dringende* Aufgabe muß nicht gleichzeitig auch eine *wichtige* (= A-Aufgabe) sein!

☐ Dringende Aufgaben werden delegiert! (= B- oder C-Aufgaben)

☐ B- und C-Aufgaben mit klaren Vorgaben und Übertragung von Kompetenzen und Verantwortung delegieren!

☐ Ein „Zeitplanungsinstrument" sollte folgende Forderungen erfüllen:
- ○ immer zur Hand,
- ○ einfach zu handhaben,
- ○ muß systematisch aufgebaut sein,
- ○ Tätigkeiten müssen mit Prioritäten versehen werden können,
- ○ muß den persönlichen Bedürfnissen anzupassen sein.

☐ Ein äußerst hilfreiches „Zeitplanungsinstrument" ist ein Zeitplanbuch. Mit ihm kann die tägliche Arbeit
- ○ besser geplant,
- ○ koordiniert,
- ○ organisiert und
- ○ rationeller durchgeführt werden.

☐ Ein Zeitplanbuch ist
- ○ einfach in der Handhabung,
- ○ ständiger und zuverlässiger Begleiter,
- ○ beinhaltet alle Aufgaben und Termine auf einen Blick und
- ○ ist vom System her stets ergänzbar.

☐ Ein Zeitplanbuch ermöglicht
- ○ alle Informationen überall und sofort zur Hand zu haben
- ○ kurz- und langfristig zu Erledigendes schnell zu übersehen und
- ○ wirkungsvoll zu kontrollieren
- ○ Prioritäten zu erkennen und sich damit auf das Wesentliche zu konzentrieren.

☐ Ein Zeitplanbuch ist jedoch nicht nur ein simpler Terminkalender, der eine Erinnerungshilfe für Termine und Daten darstellt, sondern in erster Linie ein effektives Planungsinstrument, das
- ○ Aktivitätenlisten enthält,
- ○ Zielsetzungen und
- ○ Zeitdauer von Aufgaben beinhaltet,
- ○ Prioritäten setzt,
- ○ die Ideenkartei beherbergt und
- ○ als Nachschlagewerk für jegliche Art von Daten verwendet werden kann.

☐ Das Zeitplanbuch ist der wichtigste praktische Teil einer konsequenten Einhaltung Ihres Zeitplansystems, da es der persönliche Speicher aller
- ○ Tages-, Wochen- und Monatspläne,
- ○ längerfristiger Zeit- und Zielpläne sowie
- ○ sämtlicher Dispositionen und größerer Vorhaben ist. Es sorgt somit für eine bessere Nutzung wertvoller Zeit.

☐ Aktivitäten im *Zeitmanagement-Regelkreis:*

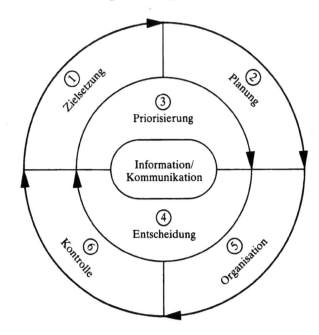

☐ Eine weitere Aktivitäten-Planungsmöglichkeit, die auf fünf Planungs-
schritten basiert, ist die *ALPEN-Methode:*

A ufgaben zusammenstellen

L änge der Tätigkeiten schätzen

P ufferzeiten für Unvorhergesehenes reservieren

E ntscheidungen über Prioritäten treffen

N otizen in ein Planungsinstrument übertragen.

☐ Auch das sogenannte *EISENHOWER-Prinzip* kann effektiv in der Ak-
tivitäten-Planung eingesetzt werden. Hierbei werden alle Aktivitäten auf
ihre Dringlichkeit und Wichtigkeit hin untersucht und in vier Kategorien
eingeteilt:

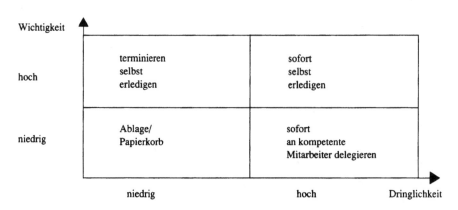

☐ Beachten Sie bei Ihren Aktivitäten die 80-zu-20-Regel.

   ○ In der Praxis werden meist 80% des zählenden Erfolgs aus nur 20% der Aktivitäten resultieren, während sich die restlichen 20% aus 80% der Aktivitäten ergeben (Pareto's Gesetz):

Pareto's Gesetz

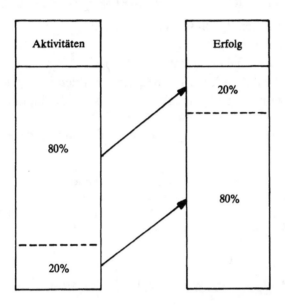

   ○ Wenn Sie auf einer Liste mit 10 Aufgaben die beiden entscheidenden Aktivitäten erfüllt haben, ist Ihr Gesamterfolg bereits zu 80% gesichert.

1.2.3   Kontrollieren Sie Ihre Ziele und Aktivitäten

Thesen:

☐ Die Kontrolle sollte laufend durchgeführt werden.

☐ Kontrollfragen im Rahmen der *Tageskontrolle* sollten u. a. sein (vgl. Hülshoff):

   ○ Was wurde heute von den vorgenommenen Tagesarbeiten erledigt?
   ○ Was blieb unerledigt, und warum?
   ○ Welche Erfahrungen wurden gemacht?
   ○ Welche wesentlichen Störungen traten auf?

    ○ Welche Mißerfolge stellten sich ein, und welche Gegenmaßnahmen wurden ergriffen?

    ○ Wo wurde Zeit verschwendet?

    ○ Welche Schlußfolgerungen können für künftige Planaufstellungen gezogen werden?

□ Kontrollfragen im Rahmen der *Wochenkontrolle* sollten u. a. sein:

    ○ Welche Wochenergebnisse wurden erzielt?

    ○ Was blieb unerledigt?

    ○ Welche Schwierigkeiten traten auf?

    ○ Wurden die Zeiten für Unvorhergesehenes richtig eingeschätzt?

    ○ Welche Konsequenzen ergeben sich aus der Nichteinhaltung von Aktivitäten für die folgende(n) Woche(n)?

    ○ Können die Pläne aufrechterhalten werden oder sind sie zu modifizieren?

□ Für die *Monatskontrolle* könnte ein Fragenkatalog, den man mit Punktwerten versieht, sinnvoll sein. Die Fragen, die für jeden Mitarbeiter oder für jede Führungskraft individuell sein können, sollte man insbesondere auf mögliche Rationalisierungsmaßnahmen abstellen.

1.2.4 Zielstrebiges, konzentriertes Arbeiten

Thesen:

□ Menschen, die mit ihrer Zeit nicht zu Rande kommen, wollen immer zuviel auf einmal erledigen oder schieben viel vor sich her.

□ Fangen Sie morgens richtig an!

□ Beherzigen Sie den Ausspruch: Mach es sofort!

□ Gehen Sie direkt an das Unerfreuliche heran!

□ Nicht die auf ein Vorhaben verwendete Gesamtzeit ist entscheidend; es kommt darauf an, wie systematisch Sie daran arbeiten.

□ Ein Problem läßt sich häufig nicht stückchenweise lösen; aber kaum ein Problem kann einem konzentrierten Angriff standhalten.

□ Krempeln Sie richtig die Ärmel auf, wenn Sie sich dabei besser konzentrieren können.

□ Der Unfähigkeit, sich auf eine Arbeit zu konzentrieren und tatsächlich zu beginnen, begegnet man am besten, indem man zeitlich festgelegte Arbeitsphasen plant.

☐ Versuchen Sie Ihre wichtigen Konzentrationsphasen dann durchzuführen, wenn Sie die wenigsten Störungen erwarten dürfen.

☐ Lernen Sie, Arbeit abzugeben!

☐ Ein rechtzeitiges, berechtigtes, höfliches Nein kann Ihnen viel Zeit sparen.

1.2.5 Vermeidung von Unordnung

Thesen:

☐ Unordnung ist üblicherweise der Konzentration abträglich. Der Spruch „Nur Dumme halten Ordnung. Ein Genie beherrscht das Chaos" kann uns bestenfalls ein Lächeln abgewinnen.

☐ Ein Chaos auf dem Schreibtisch erzeugt rasch Nervosität und das Gefühl „unter einer Arbeitslawine begraben zu werden".

☐ Befreien Sie Ihren Schreibtisch von allem außer dem Projekt, an dem Sie gerade arbeiten.

☐ Räumen Sie den Schreibtisch jeden Abend ab oder zumindest auf; dies trägt zu einem guten Start am nächsten Morgen bei.

☐ Ordnen Sie das Unerledigte in Kategorien wie z. B.
   1. Dringend
   2. Hat Zeit
   3. Lesen
   4. Unwichtig

☐ Nehmen Sie jedes Papier möglichst nur einmal in die Hand.

☐ Machen Sie vom Papierkorb eifrig Gebrauch.

☐ Unerledigtes sichtbar machen – für jeden Vorgang eine Klarsichthülle!

☐ Setzen Sie vorhandene Organisationsmittel adäquat ein.

1.2.6 Vermeidung von Perfektionismus

Thesen:

☐ Perfektion ist anzustreben, wenn 80% des Gewinns, den Sie aus einer Aktivität ziehen, aus den *letzten* 20% Ihrer Bemühungen resultieren.

☐ Qualitätsarbeit und Perfektion unterscheiden sich erheblich.

☐ Es gibt keinen besonderen Grund dafür, daß ein in zwei Tagen verfaßter Bericht notwendigerweise auch zwei Tage der Zeit des Mannes wert ist, der ihn erstellt hat.

☐ Treiben Sie auch keine Perfektion beim Lesen von Berichten, Protokollen, Geschäftskorrespondenz, Zeitungen, Zeitschriften usw.

☐ Geben Sie Rundschreiben usw. möglichst sofort weiter.

☐ Denken Sie an das Prinzip der Wirtschaftlichkeit bei allen durchzuführenden Aufgaben.

☐ Versuchen Sie bei speziellen Problemen nicht unbedingt, sich zu perfektionisieren, sondern wenden Sie sich an Spezialisten.

☐ Schreiben Sie jeden Brief nur einmal.

☐ Denken Sie an vorhandene Organisationsmittel (z. B. Formular „Anti-Schreibflut"), die Sie effektiv einsetzen können.

1.2.7 Bekämpfen von Störungen

Thesen:

☐ Setzen Sie sich gegen die zentralen Störfaktoren
  ○ des Telefons
  ○ der unangemeldeten Besuche
  ○ der Mitarbeiter
durch.

☐ Eine zielorientierte Durchsetzung erreichen Sie nur, wenn Sie Ihre Mitarbeiter, Kollegen, ja sogar Kunden zu Verbündeten machen.

☐ Versuchen Sie in fairer Weise sich mit all Ihren Partnern abzustimmen.

☐ Planen Sie die Gespräche mit Mitarbeitern, Kollegen und Chefs ein.

☐ Nicht jedes kurzfristig vorgebrachte Anliegen muß sofort erledigt werden.

☐ Achten Sie darauf, daß Sie durch Warten nicht zuviel Zeit verlieren.

☐ Versuchen Sie insbesondere die Delegation von Verantwortung, Befugnis und Kompetenzen klar zu regeln.

Wesentliche Störungen und Vorschläge zur Reduktion von Störungen

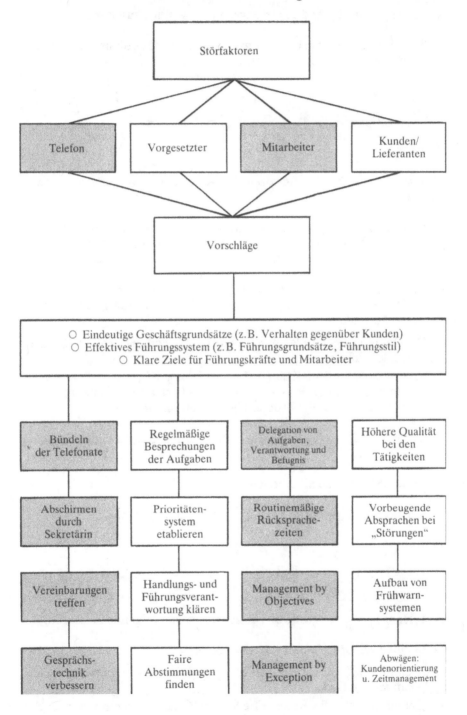

☐ Praktizieren Sie das Management by exception (Führen in Ausnahmesituationen).

☐ Fassen Sie zu führende Telefongespräche zeitlich zusammen.

☐ Stellen Sie, bevor Sie eine Aufgabe beginnen, alles dafür erforderliche Material und die Unterlagen bereit.

1.2.8 Nutzen Sie Übergangszeiten

Thesen:

☐ Sorgen Sie dafür, daß Reisezeiten, Wartezeiten usw. keine verlorenen Zeiten sind.

☐ Von Mozart heißt es, seine Musik habe sich auf Reisen, beim Spaziergang oder im Halbschlaf fast von selbst zu Papier gebracht. Einstein kamen die besten Ideen beim Rasieren.

☐ Nutzen Sie vor allem Übergangszeiten (z. B. bei der Fahrt ins Büro) und Wartezeiten zur Lösung von größeren Problemen nach der „Schweizer-Käse-Technik":

    ○ „Bohren" Sie bei allen passenden Gelegenheiten Löcher in die zu lösende Aufgabe.

    ○ Mit der Schweizer-Käse-Technik ist es möglich, innerhalb von wenigen Minuten den Einstieg in einen größeren Aufgabenkomplex zu realisieren bzw. die Problemlösung voranzutreiben.

☐ Beschäftigen Sie sich in diesen Zeiten mit Dingen, zu denen Sie sonst nicht kommen.

☐ Nutzen Sie in allen Situationen „Kleckerzeiten".

☐ Versuchen Sie, anderen Leuten nicht die Zeit zu stehlen.

1.2.9 Denken Sie daran, daß es eine gesunde Art von Streß gibt

Prof. Hans Selye, der große Streßforscher, macht folgende Aussagen:

☐ Es gibt zwei Grundtypen von Menschen:

1. „Rennpferde", die im Streß gedeihen und für die Aktivität und Hektik lebenswichtig sind.
2. „Schildkröten", die Ruhe, Frieden und eine allgemein beschauliche Umwelt brauchen.

☐ Jeder sollte selbst erkennen, ob er sich ober- oder unterhalb des für ihn bekömmlichen Streßniveaus befindet.

☐ Die eigene Einstellung entscheidet darüber, ob man ein Erlebnis als angenehm oder unangenehm empfindet. Die richtige Einstellung kann

    ○ negativen Streß zum
    ○ positiven Streß (Eustreß)

umwandeln.

☐ Arbeit, die nicht nur eine Verpflichtung ist, sondern ein Vergnügen, macht sie zum Eustreß.

☐ Eine der streßreichsten Situationen, die man sich vorstellen kann, ist

    ○ sich einfach so dahintreiben lassen,
    ○ nicht wissen, was man mit seinem Leben anfangen soll (Sinnlosigkeit).

☐ Daher sind wichtige Mittel gegen den Streß:

1. sich Ziele zu setzen,
2. sich zu bemühen, sich immer nützlich zu machen.
3. Gemeinsamkeit statt Einsamkeit anstreben.
   Untersuchungen bringen zum Ausdruck, daß Menschen, die in Vereinen aktiv sind, die sich in kirchlichen Organisationen oder bei sportlichen Veranstaltungen nützlich machen $4^{1}/_{2}$mal weniger einen Herzinfarkt bekommen als isoliert lebende.

1.2.10 Vernünftige Pausen und Freizeit

Thesen:

☐ Langes Arbeiten, ohne zu Pausieren, ist nicht effektiv.

☐ Wenn Sie sich öfter mal entspannen, leisten Sie mehr und gewinnen Freude an der Arbeit.

☐ Belohnen Sie sich mit Freizeit, wenn Sie wichtige Aufgaben erfüllt haben.

☐ Umschalten von geistiger Arbeit auf körperliche Bewegung steigert die Leistungsfähigkeit und löst Verkrampfungen.

☐ Ärztliche Empfehlungen umfassen Lockerungsübungen, Umhergehen im Büro und eine Zeitlang stehen, statt immer zu sitzen.

☐ Grundsatz: alles was zur Gesundheit beiträgt, ist vernünftige Zeiteinteilung.

1.2.11 Vernünftige Ernährung, ausreichend Schlaf, Bewegung und Hobbies

Thesen:

☐ Es zeigt sich immer wieder, daß für jeden Menschen individuell eine eigene Art von optimaler Ernährung besteht. Finden Sie die für Sie ideale, bekömmliche Ernährung heraus.

☐ Experimentieren Sie mit 6 Stunden Schlaf pro Nacht, während Sie zu Ihrem Körper freundlich sind, sich gesund ernähren und sich genügend Bewegung suchen. Im Laufe eines Lebens ergeben die dadurch gewonnenen produktiven Stunden insgesamt mindestens sechs zusätzliche Lebensjahre.

☐ Schulen Sie Ihren Körper durch Fitnessprogramme usw. Lernen Sie, sich zu entspannen und Stress abzubauen.

☐ Sorgen Sie für regelmäßigen und ausreichenden Urlaub.

☐ Energiereserven lassen sich am besten und einfachsten durch Körperübungen auffüllen.

☐ Ärzte empfehlen u. a. Übungen, bei denen man ins Schwitzen kommt und Puls und Atmung merklich beschleunigt werden (z. B. Trimmtrab, Schwimmen, Radfahren).

☐ Legen Sie sich mindestens ein Hobby zu, das Ihnen Spaß macht.

☐ Versuchen Sie, dieses Hobby regelmäßig wahrzunehmen.

Legen Sie sich ein Hobby zu!

1.3 Ausgewählte Beispiele zum Zeitmanagement

1.3.1 Rationelles Telefonieren

Nutzen Sie die Vorteile des Telefons:

☐ Zeitvorteil   – durch die Übermittlungsgeschwindigkeit

☐ Dialogvorteil   – durch den unmittelbaren Informationsaustausch

☐ Kontaktvorteil – durch das persönliche Gespräch

☐ Kostenvorteil – durch Einsparung von Geld

Empfehlungen für ein effizientes Telefonieren

Aktives Telefonieren:

1. Arbeiten Sie mit Telefonblöcken

Durch das Bündeln von Telefonaten ist die Abwicklung

- ○ konsequenter
- ○ planvoller
- ○ effizienter

2. Bereiten Sie sich auf das Gespräch vor

- ○ Notwendigkeit des Kontaktes
- ○ Richtiger Zeitpunkt
- ○ Sachliche Vorbereitung

3. Achten Sie auf eine gute Gesprächsführung

- ○ Richtige Ansprache
- ○ Wirkungsvoller Inhalt
- ○ Korrekte Formulierung
- ○ Klare Sprechweise

Passives Telefonieren

1. Schirmen Sie sich ab durch

- ○ Sekretärin
- ○ Kollegen
- ○ Anrufbeantworter

2. Erledigen Sie bestimmte Anfragen sofort

Setzen Sie die Sekretärin (und evtl. Kollegen) gezielt als „Filter" ein. Klären Sie vorab Fragen wie

- ○ Gesprächspartner
- ○ Anliegen
- ○ Dringlichkeit

3. Bieten Sie Rückruf an

Dabei ist insbesondere vorab zu klären

- ○ Inhalt (Zweck)
- ○ Erreichbarkeit des Telefonpartners
- ○ Zeitpunkt

1.3.2 Gezielter Einsatz der Informationsverarbeitung

In zahlreichen Fällen können durch den Einsatz moderner Informations- und Kommunikationstechniken wesentliche Zeiteinsparungen erzielt werden. Dies sei am Beispiel eines Bürokommunikations-Systems verdeutlicht. Die wesentlichen Vorteile bezüglich des effizienten Arbeitens seien an den nachstehend beschriebenen Funktionen verdeutlicht.

1. Elektronische Post

- ○ Zeitersparnis durch verkürzte Transport- und Liegezeiten
- ○ Einsparung manueller Prozesse (Versandvorbereitung, Versand)
- ○ Reduzierung der Kopien-Anzahl

- ○ Keine Verzögerung von Informationen
- ○ Kommunikation rund um die Uhr
- ○ Ortsunabhängiges Arbeiten
- ○ Höhere Entscheidungseffizienz und Sicherheit
- ○ Größere Transparenz

2. Elektronische Archivierung

- ○ Substitution von Papier
- ○ Einsparung des physischen Transports
- ○ Reduzierung des Suchaufwands
- ○ Gewährleistung des Datenschutzes und der Datensicherheit
- ○ Sofortige Verfügbarkeit der Daten und Informationen

3. Elektronisches Arbeitsplatz-Management

- ○ Reduzierung der abteilungs- und bereichsübergreifenden Kommunikationszeit
- ○ Reduzierung der unternehmensübergreifenden Kommunikationszeit
- ○ Zeiteinsparungen durch bessere Vorausplanung von Meetings und Veranstaltungen
- ○ Reduzierung von Fahrtzeiten und Fahrtkosten
- ○ Einsparung von Mehrarbeit

4. Elektronische Dokumentenerstellung

- ○ Zeiteinsparung bei der Textverarbeitung
- ○ Reduzierung der Kontrollzeiten
- ○ Zeiteinsparung durch kurzfristiges Realisieren umfangreicher Unterstützungsfunktionen
- ○ Minimierung der Fehler
- ○ Hohe Flexibilität

In den letzten Jahren wurden eine Vielzahl von empirischen Untersuchungen zur Bürokommunikation durchgeführt. Diese ergaben folgende durchschnittliche Zeit-Einsparungen:

Kommunikation und Textverarbeitung
– bezogen auf die gesamte Arbeitszeit –

- ○ Management   6 %
- ○ Fachkräfte   9 %
- ○ Sachbearbeiter/Sekretärinnen   21 %

Weitere Tätigkeiten bei individueller Datenverarbeitung
– bezogen auf die Vorgangszeit –

- ○ Auswertung von Daten   80 %
- ○ Erstellen von Berichten   80 %
- ○ Abfragen   90 %
- ○ Erarbeiten von Grafiken   80 %

Aus diversen Studien gehen die konkreten Zeiteinsparungen durch die elektronische Post klar hervor. So wurde z.B. für den konventionellen Postausgang für

- ○ Kuvertieren
- ○ Adressieren
- ○ Zum Postkorb bringen
- ○ Kopieren

ein durchschnittlicher Zeitaufwand von mehr als 4 Minuten errechnet. Der durchschnittliche Zeitaufwand für den elektronischen Postausgang wurde mit ca. 25 Sekunden angegeben.
(Eine ausführliche Darstellung des Nutzens der Informationsverarbeitung findet sich im Buch „Nutzen der Informationsverarbeitung" des Verfassers.)

Die "elektronische Post" kommt!

Das folgende Formular kann im Einzelfall für die Ermittlung der Zeiteinsparungen und des Nutzens herangezogen werden.

---

① **Monatliche Kosten der Arbeitsmittel:**   1100,–

② **Benutzer/Platzkosten:**

    ○ Führungskraft   ⊗ Fachkraft   ○ Andere Mitarbeiter

Durchschn.
Werte: 100,– DM/Std.   80,– DM/Std.   60,– DM/Std.

Spez.
Wertansatz: [   ] DM/Std.   [   ] DM/Std.   [   ] DM/Std.

③ **Amortisation in Stunden:**

Erforderliche Stunden = $\dfrac{\text{Monatskosten ①}}{\text{Platzkosten ②}}$ $\dfrac{1100,-}{80,-}$ = [14 Std.]

④ **Einsparungen:**

	Arbeitszeit pro Monat	Erfahrungs- Werte	Spezif. Ansatz	Eingesparte Std./Monat
• Kommunikation	160 Std.	Führungskraft 6% Fachkraft 9% andere Mitarb. 21%	10%	16
• Auswertung von Daten	Ist-Aufwand Std./Monat 5	80%		4
• Berichte	10	80%	70%	7
• Abfragen		90%		
• Grafiken		80%		

Summe der eingesparten Stunden   [27]

⑤ **Return of Investment (ROI):**

Eingesparte Stunde   27 x 80,–   Platzkosten = Einsparung DM 2160,–
Investition   16.000 : 2160   Einsparung: 12 = ROI/Jahre [0,6]

Ermittlung der Zeiteinsparungen und des Nutzens bei individueller Datenverarbeitung

Die Menschen, die etwas von heute auf morgen verschieben,
sind dieselben, die es bereits von gestern auf heute verschoben haben.

(Peter Ustinov)

1.3.3 Zeit- und Kosteneinsparungen durch verstärkten Verzicht auf Papier

Die seit 1986 wirksam gewordenen Neufassungen des Handelsgesetzbuches (HGB) und der Abgabenordnung (AO) sollten nicht ohne Auswirkungen auf das erfolgreiche Selbstmanagement der persönlichen Arbeit sein.

Die wesentlichen diesbezüglichen Chancen sind:

☐ Verzichten Sie verstärkt auf Papier-Ausdrucke!

   ○ Zahlenfriedhöfe in Listenform gehören der Vergangenheit an

   ○ Beim Einsatz von Informationstechnologie ist der Zugriff auf gespeicherte Daten und Informationen schneller und auch kostengünstiger

   ○ Verwenden Sie nur für die aus Ihrer Sicht notwendigen Situationen noch Ausdrucke in Papierform.

☐ Das Arbeiten mit körperlichen Belegen sollte auf ein Mindestmaß reduziert werden.

   ○ Denken Sie daran, daß der Gesetzgeber es Ihnen überläßt, welche Geschäftsvorfälle in welcher Form nachgewiesen werden müssen (z.B. Urbeleg oder Mikrofilm oder Datenträger oder Ausdrucke mit EDV)

   ○ Versuchen Sie mit Lieferanten und Kunden zeit- und kosteneinsparende Formen der Rechnungslegung zu realisieren.

   ○ Nutzen Sie den überbetrieblichen Datenträgeraustausch

   ○ Machen Sie Banken, Kunden und Lieferanten zu Ihren Verbündeten bei der beleglosen Verarbeitung.

☐ Verzichten Sie verstärkt auf die Aufbewahrung von körperlichen Unterlagen in Form von Belegen und Büchern.

   ○ Wählen Sie die für Sie effizientesten Archivierungsformen aus.

   ○ Es gibt Aussagen, wonach die Einsparungen durch eine buch- und beleglose Verarbeitung ca. 5% der Gesamtkosten einer Organisation ausmachen!

1.3.4 Maximen für ein erfolgreiches Zeitmanagement im Tagesablauf

In seinen zahlreichen Seminaren wurde der Autor immer wieder mit dem Wunsch von Teilnehmern nach den Maximen für einen erfolgreichen Tagesablauf konfrontiert. Die im Abschnitt 1.2 wiedergegebenen Vorschläge können darauf in den meisten Fällen eine gute Antwort geben. Nachstehend wird versucht, diese Überlegungen in wenigen Thesen zusammenzufassen:

Maxime 1: Beginnen Sie den Tag mit einer positiven Selbsterwartung

Fragen Sie sich:

☐ Welche Erfolgserlebnisse kann ich heute haben?

☐ Welche Aktivitäten sollte ich initiieren, um kurz- und mittelfristig Erfolgserlebnisse sicherzustellen?

☐ Welche A-Aktivitäten sind heute zu starten, fortzusetzen oder zu finalisieren?

☐ Welche Aktivitäten sollte ich für mein Umfeld (Chefs, Mitarbeiter, Kunden, Lieferanten usw.) tätigen oder veranlassen?

☐ Kann ich anderen nützlich sein und Freude bereiten?

Maxime 2: Nutzen Sie die Zeit richtig

Fragen Sie sich:

☐ Bringen mich die Arbeiten meinem Ziel näher?

☐ Konzentriere ich mich auf die Dinge mit hohem Stellenwert?

☐ Beachte ich bei der Durchführung der Arbeiten die physiologische Leistungskurve?

☐ Stelle ich sicher, daß die heute vorzunehmenden Arbeiten auch realisiert werden?

☐ Halte ich meine Zeiten ohne Hast ein?

Maxime 3: Motivieren Sie sich und andere

Fragen Sie sich:

☐ Belohne ich mich für den Abschluß wichtiger Arbeiten?

☐ Weiß ich, wie ich die Hemmschwellen für den Einstieg in neue Aufgaben überwinden kann?

☐ Halte ich meine Verpflichtungen gegenüber anderen ein?

☐ Nehme ich mir die Zeit, um anderen richtig zuzuhören?

☐ Reagiere ich mit Gelassenheit und Nachsicht auf Unterbrechungen?

☐ Denke ich öfters auch in den Gehirnstrukturen der anderen (Chef, Kollegen, Kunden usw.)?

☐ Fördere ich genügend mein „Umfeld"?

Maxime 4: Seien Sie innovativ und entspannt

Fragen Sie sich:

☐ Müssen die Vorgaben, Standards und Prozesse von gestern und heute auch morgen noch richtig sein?

☐ Ist mir ständig bewußt, daß den Innovatoren die Zukunft gehört?

☐ Habe ich neue Überlegungen mit meinem Gesprächspartner diskutiert?

☐ Versuche ich, nicht in streßreiche Situationen zu kommen?

☐ Achte ich darauf, daß „Streß" häufig die geistige Bewältigung eines Problems darstellt?

☐ Nutze ich die Übergangszeiten (z.B. Heimfahrt) für Reflektionen über den heutigen Tag im Geschäft?

☐ Belohne ich mich genügend mit Freizeit?

☐ Freue ich mich auf den Abend?

1.4 Tips für erfolgreiche Gespräche

Der Erfolg, der im Gespräch erzielt wird, ist von einer Reihe von Faktoren abhängig. Von Einfluß sind insbesondere Ihre Menschenkenntnis, die Art und Weise, wie Sie mit Menschen umzugehen pflegen, der Einsatz der jeweiligen Verhandlungstechniken.

Die Vorbereitung des Gesprächs

Im betrieblichen Alltag ist eine gute Vorbereitung die Grundlage für erfolgreiche Gespräche. Durch die gezielte Vorbereitung werden Sie sicherer und flexibler in der Verhandlungsführung, ersparen sich und Ihrem Gesprächspartner Zeit und erreichen höhere Erfolgschancen.

Prüfen Sie Ihre Vorbereitung auf die Effizienz hin:

☐ Ist Ihre Zielsetzung

    ○ bezüglich des Hauptzieles klar definiert?

    ○ bezüglich der Teilziele klar?

    ○ auch bezüglich der Nebenziele festgelegt?

    ○ für das vereinbarte Gespräch realistisch?

    ○ vor dem Hintergrund des Eigennutzens, des Nutzens einer Organisation (zum Beispiel Firma), des Nutzens Ihres Gesprächspartners und eventuell des Gemeinnutzens überprüft worden?

    ○ auch vor dem Hintergrund der längerfristigen Strategie überprüft worden?

☐ Gewährleistet Ihre sachliche Vorbereitung

    ○ gute Basiskenntnisse (zum Beispiel über Produkte, Anwendungen, Firmen, Branchen)?

    ○ intime Kenntnisse der Stärken und Schwächen?

    ○ Informationen über die wichtigsten Typen von Einwänden?

    ○ eine Zusammenstellung von Erfahrungen, Referenzen, Alternativlösungen?

    ○ die Erfassung weiterführender Ansatzpunkte für eine Diskussion?

☐ Haben Sie sich auf Ihren Gesprächspartner genügend vorbereitet bezüglich

    ○ seinem persönlichen Verhalten?

    ○ seiner sachlichen Erwartungshaltung?

    ○ seiner persönlichen Präferenzen für das Gespräch?

    ○ der einzusetzenden Hilfsmittel (Broschüre, Folien etc.)?

Die Durchführung des Gesprächs

1. Die ersten Sätze entscheiden häufig über den Gesprächserfolg.

Thesen:

☐ Aus Gründen der Neugierde, Spannung und Erwartung hört Ihr Gesprächspartner Ihren ersten Sätzen intensiver zu als den folgenden.

☐ Der Partner bildet sich ein Urteil über Sie aufgrund des ersten Eindruckes.

☐ Für Gesprächspartner, die sich nicht kennen, geht es darum, die in der Anfangssituation eines Gesprächs gegebene Unsicherheit abzubauen.

☐ Denken Sie bei Ihren ersten Sätzen an die Erwartungshaltung des Partners. Er geht davon aus:

   ○ Was will er von mir?
   ○ Wer ist er?
   ○ Empfinde ich für ihn Sympathie?
   ○ Kann ich ihn akzeptieren?
   ○ Nimmt er mich ernst, nicht nur als Kunde?

☐ Legen Sie bei den ersten Sätzen vor allem Wert darauf, „Wie Sie es sagen".

☐ Vermeiden Sie Phrasen („Selbstmördereröffnungen") wie:

   ○ „Ich bitte um Nachsicht, wenn ich stören sollte, aber ich wollte nur kurz vorbeischauen".
   ○ „Ich bin gerade zufällig in der Gegend (im Hause) und wollte mich auch bei Ihnen zeigen".

2. Schaffen Sie eine positive Gesprächsatmosphäre

Thesen:

☐ Sprechen Sie Ihren Partner häufig mit seinem Namen an. Man sagt, daß jeder Mensch kein Wort so gerne hört wie seinen eigenen Namen.

☐ Versuchen Sie, an Gemeinsames anzuknüpfen: an eine Tagung, an ein Telefonat, an den letzten Besuch.

☐ Halten Sie zu Ihrem Partner Blickkontakt.

☐ Überraschen Sie Ihren Gesprächspartner mit kleinen Aufmerksamkeiten, wie zum Beispiel

    ○ Beiträge, Veröffentlichungen zu seinen ihn interessierenden Fachthemen.

    ○ Publikationen zu seinem Hobby.

    ○ Kleine Geschenke zum Geburtstag, Jubiläum.

☐ Vermeiden Sie, das Gespräch mit einer Behauptung zu beginnen. Diese provoziert häufig Widerspruch und verhindert die Kontaktherstellung.

☐ Wählen Sie zur Gesprächseröffnung die Frageform. Versuchen Sie dabei Fragen zu finden, die auf Interesse Ihres Partners stoßen.

☐ Denken Sie daran, daß jeder Mensch am liebsten über seine eigenen Wünsche und Probleme spricht.

☐ Ist sichergestellt, daß Sie sich mit Ihren Äußerungen identifizieren?

☐ Hören Sie Ihrem Gesprächspartner aufmerksam zu.

☐ Versuchen Sie Klarheit darüber zu gewinnen, was er wirklich will.

☐ Unterbrechen Sie Ihren Gesprächspartner möglichst nicht.

3. Versuchen Sie die Ziele Ihres Gespräches zu erreichen

Thesen:

☐ Das Ergebnis eines Gespräches ist deshalb häufig unbefriedigend, weil die gewählte Gesprächsart wie z. B. das

    ○ Informations-,

    ○ Kritik-,

    ○ Beurteilungs-,

    ○ Unterweisungs-

Gespräch für beide Beteiligten nicht deutlich genug ist.

☐ Nur wenn klare Gesprächsziele festgelegt sind, ist die Basis dafür gegeben, daß beim Gespräch „etwas herauskommt".

☐ Halten Sie Ihre Gesprächsergebnisse fest.

☐ Denken Sie daran, daß Gespräche

    ○ unter Zeitdruck,

    ○ unter Beeinträchtigungen wie Lärm, telefonischen Unterbrechungen usw.

ihre Ziele gefährden können.

Prinzipien für erfolgreiche Kommunikation:

Der Erfolg eines Gesprächs wird beeinflußt von persönlichen Fähigkeiten, wie
- ○ Menschenkenntnis,
- ○ Umgang mit den Menschen,
- ○ Verhandlungstechniken.

Effiziente Gesprächsvorbereitung bedeutet
- ☐ die Zielsetzung vor dem Hintergrund des längerfristigen
  - ○ Eigennutzens,
  - ○ Nutzens einer Organisation,
  - ○ Nutzens eines Partners,
  - ○ Gemeinnutzens

zu überprüfen;
- ☐ eine optimale sachliche Vorbereitung durch
  - ○ gute Basiskenntnisse,
  - ○ Kenntnisse der Stärken/Schwächen,
  - ○ einen hohen Erfahrungswert

zu gewährleisten;
- ☐ eine ausreichend persönliche Vorbereitung bezüglich der
  - ○ äußeren Erscheinungsform,
  - ○ Standortwahl,
  - ○ eigenen Erwartungshaltung,
  - ○ persönlichen Präferenzen

sicherzustellen.

Wesentliche Erkenntnisse für eine erfolgreiche Verhandlungsführung:

- ☐ Integrieren Sie wichtige Verhandlungen in eine längerfristige Strategie!
- ☐ Legen Sie großen Wert auf eine sachliche und persönliche Vorbereitung!
- ☐ Schaffen Sie eine positive Gesprächsatmosphäre!
- ☐ Achten Sie auf Ort und Zeit der Besprechung!
- ☐ Beachten Sie, daß die ersten Sätze eines Gesprächs auch die entscheidendsten sind!
- ☐ Anfänglich auftretende Unsicherheiten sofort abbauen, um eine harmonische Gesprächsführung zu erreichen!
- ☐ Das entscheidende Urteil wird stets aufgrund des ersten Eindrucks gebildet!
- ☐ Gesprächseröffnung in Form von Fragen beginnen, da Behauptungen Widersprüche provozieren!
- ☐ Stets auch die Erwartungshaltung des Partners berücksichtigen und mit in Lösungsansätze einbeziehen!
- ☐ Vergessen Sie nicht die wichtige Nachbereitung von Verhandlungen!

1.5 Vorschläge für effektive Konferenzen

Für die erfolgreiche Durchführung einer Konferenz sind eine Reihe von Faktoren ausschlaggebend. Nachstehend sind in Form einer Prüfliste wichtige Fragen zur

- ○ Vorbereitung
- ○ Durchführung und
- ○ Auswertung

festgehalten.

Anschließend geben wir einige Hinweise zur Diskussionsleitung.

Vorbereitung

☐ Ist das Ziel der Besprechung klar festgelegt?

☐ Wurden die Konferenzteilnehmer sorgfältig ausgewählt?

☐ Haben die Teilnehmer die Einladungen so rechtzeitig erhalten, daß sie sich gut auf die Konferenz vorbereiten konnten?

☐ Sollten Unterlagen zur Vorbereitung notwendig sein, wurden diese auch verschickt?

☐ Sind allen Teilnehmern die einzelnen Konferenzteilnehmer bekannt?

☐ Wurden die zeitliche Begrenzung für die Konferenz und die einzelnen Tagesordnungspunkte festgelegt?

☐ Sind die räumlichen Voraussetzungen und die Ausstattung mit Hilfsmitteln (zum Beispiel Tagesprojektor, Flipcharts, Metaplan) geklärt?

Durchführung

☐ Wurde bei der Eröffnung unter anderem eingegangen auf

- ○ das Thema?
- ○ die Tagesordnung?
- ○ die Vorstellung der Teilnehmer?
- ○ die Darstellung des Problems bzw. der Problemfelder?

☐ Hat man sich auf eine gemeinsame, klar formulierte Zielsetzung geeinigt?

□ Sind sich die Konferenzteilnehmer einig bezüglich einer gemeinsamen Vorgehensweise?

□ Besteht Einigkeit hinsichtlich der Verwendung der methodischen Hilfsmittel?

□ Wurden „Spielregeln" bzw. Richtlinien für die Diskussion verabschiedet wie

    ○ Keine Verwendung von Killerphrasen
    ○ Kein Einbringen von Tagesproblemen
    ○ Keine persönlichen Beleidigungen.

□ Sorgt der Konferenzleiter für ein positives Klima?

□ Werden die Ideen bezüglich der Lösung

    ○ gesammelt,
    ○ analysiert,
    ○ adäquaten Beurteilungskriterien unterworfen?

□ Hat man die wichtigsten Lösungsalternativen erarbeitet?

□ Wurde der beste Lösungsvorschlag ausgewählt?

□ Erfolgte ein Beschluß über die Regelung der Ausführung nach

    ○ Aufgaben?
    ○ Verantwortung?
    ○ Terminen?
    ○ Kontrollmaßnahmen?

Auswertung

□ Enthält das Protokoll die für die Durchführung erforderlichen Angaben?

□ Wurde sichergestellt, daß alle Konferenzteilnehmer möglichst rasch (zum Beispiel spätestens nach drei Tagen) das Protokoll erhalten?

□ Haben Sie evtl. den Einsatz eines Personal-Computers für die sofortige Protokollerstellung überlegt?

□ Werden die vorgegebenen Zwischenziele bzw. Endziele auf Einhaltung kontrolliert?

□ Werden auftretende Schwierigkeiten, durch die eine Gefährdung des Projekts/der Aufgabe möglich ist, rasch weitergemeldet?

☐ Sind Abweichungen genau beschrieben?

   ○ Was ist der Fehler?

   ○ Wer/was ist davon betroffen?

   ○ Wo/wann/in welchem Ausmaß ist die Abweichung aufgetreten?

Diskussionsleitung

Tips:

☐ Versuchen Sie als Startfrage einen praktischen Fall zu wählen, der es den Teilnehmern leicht macht, die Aussagen auf einen konkreten Fall hin anzuwenden oder Grenzfälle zu erkennen.
Beispiel: „Was würden Sie tun, wenn zum Beispiel...“

☐ Stellen Sie die Einhaltung der Reihenfolge von Wortmeldungen sicher.

☐ Wiederholen Sie im Zweifelsfalle Aussagen, die Ihnen unklar erscheinen.

☐ Seien Sie mit Ihrer eigenen Meinung zunächst zurückhaltend, damit die Diskussion nicht von Beginn an eingeengt wird.

☐ Denken Sie daran, daß Entscheidungen im Sinne eines Konsens den Beitrag all derer erfordern, die die Entscheidung beeinflussen und tragen.

☐ Versuchen Sie, nach wesentlichen Aussagen Zwischenbilanz zu ziehen.

☐ Halten Sie diese Aussagen – für alle Teilnehmer erkennbar (z. B. mittels Flipcharts, Folien) – fest.

☐ Sichern Sie das erreichte Ergebnis ab, d. h. legen Sie konkret fest: WER macht WAS WANN!

Wesentliche Erkenntnisse:

☐ Mangelnde Vorbereitung der Konferenzteilnehmer auf das Diskussionsthema führt häufig zum Mißlingen eines Meetings.

☐ Eine unklare Zielsetzung ist meist die Ursache für ineffektive Besprechungen.

☐ Diskussionen von Nebensächlichkeiten, lange Monologe, Weitschweifigkeit, Abweichungen vom eigentlichen Thema, Überbewerten von Details, versteckte Machtkämpfe und mangelnde Selbstdisziplin der Teilnehmer verhindern eine problem- und ergebnisorientierte Zusammenkunft.

10 wesentliche Gebote für ein effektives Zeitmanagement

Klare Grundsätze und Ziele 1

Positive Grundhaltung 2

Motivation aller Beteiligten 3

Planen und Priorisieren der Aktivitäten 4	Zielstrebiges konzentriertes Arbeiten 5	Rationelles Telefonieren 6	Nein-sagen 7	Meetings/ Konferenzen 8	Störungen 9	Unordnung/ Ablage 10
- Eigene Ziele erarbeiten - Externe Ziele einbinden - ABC-Analyse - Alpen-Methode - Eisenhower-Prinzip - Zeitplan-Buch - Finalisierung der Arbeiten - Kontrolle der Aktivitäten	- Systematisch arbeiten - Morgens richtig anfangen - Physiolog. Leistungskurve beachten - Qualitätsarbeit verrichten - Einsatz von Organisationsmittel - Papier nur 1 x in die Hand nehmen - Vermeidung von Perfektionismus	- Arbeiten mit Telefonblöcken - Gesprächsvorbereitung - Gute Gesprächsführung - Abschirmen und Filtern - Telefonfreie Zeiten - Rückruf anbieten - Nutzen der modernen Kommunikationstechnik	- Klare Grundsätze und Ziele beachten - Auswirkungen abschätzen - Schadensminimierung berücksichtigen - Auf innere Stimme hören - Vergleich des Anliegens mit Aktivitätenplan - Selbstbelohnung für Nein-sagen	- Ziele definieren - Richtige Auswahl der Teilnehmer - Selbstdisziplin aller - Vorgabe von Spielregeln für die Diskussion - Zeitrahmen vorgeben - Methoden-Einsatz (z.B. Meta-Plan) - 1-Seiten-Protokoll	- Vordenken: Aufgaben aus der Kunden-, Lieferanten-, Mitarbeiter- und Vorgesetzten-Sicht erledigen - Regeln mit Beteiligten erarbeiten - Management by Objectives - Management by Delegation - Vorbeugende Absprachen - Frühwarnsysteme etablieren	- Klassifikations-System für Unerledigtes und Ablage - Papierkorb verstärkt einsetzen - Verzicht auf Papier - Elektronische Post und Ablage - Elektronisches Archiv - Redundanzfreie Ablage

1.6 Hinweise zur Priorisierung der Empfehlungen für ein effektives Zeitmanagement

Nach dem Durcharbeiten der bisherigen Ausführungen wird jeder Leser sicherlich die für ihn wichtigen Zeitverschwender kennen. Sehr aufmerksame Leser dürften bereits die anzugebenden Aktivitäten in den Aktivitätenplan auf Seite 9 eingetragen haben.

Sicherlich wird es individuell unterschiedliche Schwerpunkte geben. Dennoch zeigen Befragungen Schwachstellen, die vorrangig in der Praxis auftreten. In zahlreichen Seminaren konnte der Verfasser als die häufigsten Schwachstellen beim Zeitmanagement feststellen:

○ Planen und Priorisieren der Aktivitäten
○ Zielstrebiges, konzentriertes Arbeiten
○ Telefonieren
○ Neinsagen
○ Meetings/Konferenzen
○ Störungen
○ Ordnung/Ablage

Für jedes Problemfeld gibt es eine Reihe von Maßnahmen und Methoden, die es zu ergreifen gilt. Die gegenüberliegende Tabelle gibt einen Überblick mit den wesentlichen Vorschlägen.

Sicherlich wird jeder einzelne sich an den Vorschlägen orientieren, mit denen er seine größten Schwachstellen ausmerzen kann. Die Priorisierung wird in diesem Falle durch die Stärke der Schwachstellen und die Dringlichkeit der Behebung erkannt.

Einen weiteren Schlüssel zur Priorisierung liefert uns das Vernetzungsgitter von Frederic Vester. Vester hat mit seinem Papiercomputer eine Methode vorgestellt, die auf dem gegenseitigen Einfluß der Faktoren untereinander basiert. Zur Verdeutlichung sei das Schwachstellenprofil von Herrn Huber herangezogen (siehe dazu auch die Abbildung auf Seite 44).

Herr Huber kennzeichnet als seine wesentlichen Zeitverschwender:

1. Fehlende Ziele
2. Schlechte Zeitplanung
3. Störungen
4. Mangelhafte Informationen

Das Ergebnis zeigt uns, daß es für Herrn Huber nicht empfehlenswert wäre, mit den Störungen zu beginnen. Diese werden ja gerade durch die anderen Faktoren stark beeinflußt. Beginnt er dagegen mit der Zielsetzung und der Zeitplanung und initiiert die erforderlichen Maßnahmen, dann lösen sich die Störungen von selbst.

Versuchen Sie doch einmal für sich selbst, Ihre Erfolgsfaktoren oder Schwachstellen zu ermitteln und die gegenseitigen Abhängigkeiten zu analysieren.

Der Faktor „Ziele" hat die höchste Aktiv-Summe von allen Faktoren, d. h. er ist aktiver als die anderen, er beeinflußt die anderen Faktoren stärker. Die aktiven Faktoren haben eine Hebelwirkung. Wenn Herr Huber mit diesen Faktoren beginnt, liegt er richtig, denn damit löst er auch meist die Probleme der weniger aktiven Faktoren. Hier wird deutlich, wie wichtig es ist, mit den wesentlichen Faktoren, d. h. den aktiven Faktoren zu beginnen. Viele setzen auch in der Wirklichkeit auf das falsche Pferd. Mit der Vernetzungsmatrix können Sie mehr Licht in dieses Dunkel bringen. Es ist nicht immer der hellste Sonnenschein, aber mehr Licht als in der Dämmerung. Wie diese Methode im einzelnen funktioniert, können Sie aus der Abbildung erkennen. Aus diesem Beispiel geht hervor, daß der aktivste Faktor die „Fehlenden Ziele" sind.

Zur Vernetzungsmatrix sei abschließend noch angemerkt:
Versuchen Sie insbesondere die Faktoren zu verbessern, die sich durch eine hohe Aktivität auszeichnen. Dies sind die Faktoren, die in die Felder I und II fallen. Die Felder können wie folgt charakterisiert werden:

Feld I: Erfolgsfaktoren mit hoher Aktivität und geringer Passivität

Feld II: Erfolgsfaktoren mit relativ hoher Aktivität und geringer Passivität

Feld III: Erfolgsfaktoren mit hoher Passivität und geringer Aktivität

Feld IV: Indifferente Erfolgsfaktoren, d. h. geringe Aktivität und geringe Passivität

Die vier Felder werden auf der Basis der beiden folgenden Formeln ermittelt:

1. Begrenzung der Aktiv- und Passiv-Achsen:
   Anzahl der Elemente $([n] - 1) \times 2$
   Unser Beispiel: $(4 \quad - 1) \times 2 = 6$

2. Schnittpunkt der Aktiv-/Passiv-Achse:
   Aktiv-:Passiv-Summe: Anzahl der Elemente
   Unser Beispiel: $14 : 4 \quad = 3.5$

Die Aufgabe besteht nun in der Analyse des gegenseitigen Einflusses der Erfolgsfaktoren. In unserem Beispiel wird die Einflußstärke wie folgt gesehen:

○ starker Einfluß = 2
○ geringer Einfluß = 1
○ kein Einfluß = 0

Für jeden Faktor ist zu untersuchen, wie der Einfluß auf die anderen Faktoren ist. In unserem Beispiel ist der Einfluß der

1. Ziele *auf*
2. Zeitplanung stark = 2
3. Störungen stark = 2
4. Informationen gering = 1

Es ist sinnvoll, Zeile für Zeile abzuarbeiten. Man erhält für jeden Faktor eine bestimmte Aktiv- und Passiv-Summe. Je höher die Aktiv-Summe ist, desto stärker beeinflußt dieser Faktor die anderen. Eine hohe Passiv-Summe zeigt, daß dieser Faktor von den anderen stark beeinflußt wird.

In unserem Beispiel wird deutlich, daß die Ziele eine Aktivsumme von 5 und eine Passiv-Summe von 2 haben.

Zum Abschluß empfehle ich Ihnen, jeden Erfolgsfaktor bezüglich seiner Ausprägung zu beurteilen und Aktivitäten zur Verbesserung zu bestimmen. Fragen Sie sich einfach: Wie gut bin ich in diesen Faktoren? Als Hilfskonstruktion nehmen wir eine Skalisierung von 0 bis 10 an. (Dabei steht 0 für ungenügend und 10 für sehr gut. 5 wäre also befriedigend.)

Geben Sie an, wie Sie die Ausprägung jedes Faktors heute und morgen (in 2 Jahren zum Beispiel) sehen bzw. sehen möchten. Zur Verdeutlichung gehen wir auf das Beispiel mit Herrn Huber zurück. Herr Huber hat diesbezüglich die auf Seite 45 abgebildete Tabelle aufgestellt. Aus dieser können Sie erkennen, daß er erhebliche Defizite bei den Zielsetzungen hat und diesen Stand mit 2 angibt, er sich aber vornimmt, diesen Faktor in den nächsten 2 Jahren erheblich zu verbessern und hier die Ausprägung 6 im Auge hat. Die Differenz von 4 will er insbesondere durch folgende Aktivitäten angehen:

1. Festlegen der beruflichen Ziele für die nächsten 2 Jahre.
2. Priorisierung der Ziele.

Aus der Tabelle gehen auch die Aktivitäten für die weiteren Faktoren hervor. Das für Herrn Huber entwickelte Beispiel sollte für Sie Anlaß sein, nach dieser Methode Ihre Stärken/Schwachstellen beim rationellen Arbeiten aufzustellen, zu vernetzen und Maßnahmen zur Verbesserung zu erarbeiten.

Zeitmanagement
Vernetzung der Einflußfaktoren

Einflußfaktoren Wirkung von ↓ auf →	(1)	(2)	(3)	(4)	Aktiv- Summe
(1) Zielsetzung		2	2	1	**5**
(2) Zeitplanung	1		2	1	**4**
(3) Störungen	0	1		1	**2**
(4) Informationen	1	1	1		**3**
Passiv-Summe	**2**	**4**	**5**	**3**	**14**

Einflußstärke: 0 = kein, 1 = gering, 2 = starker Einfluß

Vernetzungs-Matrix

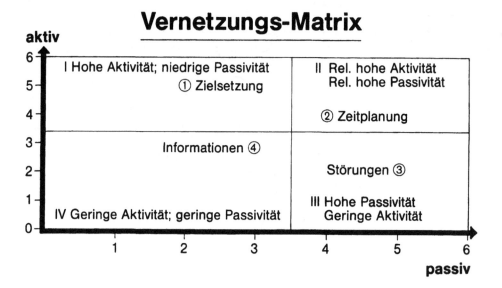

Berechnungen:
Begrenzung der Aktiv- und Passiv-Achsen
Anzahl der Elemente ((n) - 1) x 2
Beispiel: (4 - 1) x 2 = 6

Schnittpunkt der Aktiv-/Passiv-Achse
Addition der Aktiv-/Passiv-Summe: Anzahl der Elemente
Beispiel: 14   : 4 = 3,5

44

Ausprägung der Einflußfaktoren und Aktivitätenplan

Einflußfaktoren	Ausprägung (0 – 10)		◁	Priori-täten	Aktivitäten zur Verbesserung der Einflußfaktoren (festgelegt am 07.11.19)	Fristig-keit
	heute	morgen				
Zielsetzung	2	6	4	1	1. Festlegen der beruflichen Ziele für die nächsten 2 Jahre 2. Priorisierung der Ziele	bis 15.11. 15.11.
Zeitplanung	3	6	3	2	1. Zeitplanbuch auswählen und beschaffen 2. Zeitplanbuch als effektives Planungsinstrument einsetzen	30.11. ab 01.01
Störungen	4	5	1	4	1. Vorbeugende Absprache 2. Kurzfristige Anliegen kritisch prüfen	bis 15.12. ab sofort
Informationen	3	7	4	3	1. Gezielte Suche nach Informationen 2. Anlegen einer Ideen-Kartei	ab 01.01. 01.02.

2. Rationeller entscheiden

2.1 Bedeutung und Phasen einer systematischen Entscheidungsfindung

Es liegt im Wesen jeglicher menschlichen Betätigung, daß ständig Entscheidungen – oft unter beträchtlichen Risiken – zu treffen sind. Von der Qualität dieser Entscheidungen hängt auch häufig der Erfolg einer Organisation ab. Eine einzige Fehlentscheidung in einer wichtigen Sachlage kann z. B. zum Untergang eines Betriebes führen. Ruinös kann es sich aber auch auswirken, wenn ein beträchtlicher Teil „weniger wichtiger" Entscheidungen falsch getroffen wird. Daher sollte man viel mehr als bisher darüber wissen, wie man rationale Entscheidungen trifft. Das Ziel des systematischen Entscheidungsprozesses ist es, die Wahrscheinlichkeit von Fehlentscheidungen auf ein Mindestmaß herabzusetzen.

Viele Menschen haben Schwierigkeiten bei der richtigen Entscheidungsfindung. Als Gründe kommen zum Beispiel in Frage:

☐ Das wahre Problem wird oft nicht erkannt.

☐ Der Mensch trifft Entscheidungen aus seinem gewohnheitsmäßigen Verhalten heraus.

☐ Die Ziele und Entscheidungskriterien sind nicht bekannt.

☐ Die Informationen sind nicht ausreichend.

☐ Im allgemeinen werden nur wenige Alternativen betrachtet.

☐ Entscheidungen müssen unter Zeitdruck gefällt werden.

Das Schwerste ist der Entschluß.

(Franz Grillparzer)

Im Überlegen darf man zögern,
die überlegte Tat solle jedoch rasch sein.

(Thomas von Aquin)

Den größten Feind, den wir haben,
ist die Entschlußlosigkeit!

(Volksweisheit)

2.2 Techniken und institutionalisierte Formen zur Ideenfindung

Die Suche nach neuen Lösungen und Ideen sowie nach innovativen Denkansätzen initiierte vornehmlich in den letzten drei Dekaden eine Vielzahl von Techniken. Das Frankfurter Battelle-Institut dokumentierte bereits im Jahre 1970 43 Kreativ-Methoden. Bis heute dürften noch einige Techniken hinzugekommen sein. Es soll im folgenden nicht der Versuch gemacht werden, diese Techniken im einzelnen vorzustellen und zu analysieren, denn es gibt zwischenzeitlich genügend Spezialliteratur zu diesem Themenkreis. Dennoch soll kurz auf die wichtigsten Basistechniken eingegangen werden.

Die Grundtechniken der Kreativität basieren auf drei unterschiedlichen Prinzipien:

    ○ Auf dem Prinzip der Intuition (2.2.1 – 2.2.4)
    ○ Auf dem Prinzip der Analyse (2.2.5 – 2.2.6)
    ○ Auf dem Prinzip der Analogie (2.2.7 – 2.2.9).

Eine verstärkt institutionalisierte Form, bei der alle Kreativitätstechniken angewandt werden können, ist der Qualitätszirkel, auf den im Punkt 2.2.10 eingegangen wird.

Bei der Ideenproduktion sollte man beachten:

☐ Ideenerhebung und Ideenbewertung sind getrennt durchzuführen.

☐ Ideen sind grundsätzlich schriftlich festzuhalten.

☐ Es ist sinnvoll, Ideen, die von einem Einzelnen oder in einer Gruppe produziert werden, formalisiert zu erfassen. Eine einzelne Person sollte sich des Aufschreibverfahrens bedienen (siehe Formular für eine Ideensammlung auf der folgenden Seite). Für eine Ideenproduktion in der Gruppe eignen sich die im folgenden beschriebenen Techniken.

☐ Ideen, die unzureichend erscheinen oder auf das erste Betrachten hin den Eindruck des Unbrauchbaren vermitteln, sind weiterzuentwickeln unter den Aspekten

    ○ Erweiterungsmöglichkeiten,
    ○ Reduktion des ersten Ansatzes,
    ○ Kombination mit anderen Ideen,
    ○ Übertragung auf andere Bereiche.

2.2.1 Brainstorming

Zielsetzung: Entwicklung von möglichst vielen Ideen

Zeitdauer: ca. 30 Minuten

Probleme: allen Teilnehmern bekannt

Zusammensetzung möglichst heterogener Kreis,
der Teilnehmer: 6 – 12 Personen
                  1 Moderator

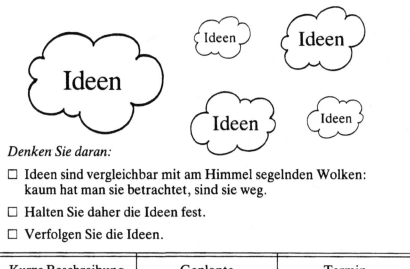

Denken Sie daran:

☐ Ideen sind vergleichbar mit am Himmel segelnden Wolken: kaum hat man sie betrachtet, sind sie weg.

☐ Halten Sie daher die Ideen fest.

☐ Verfolgen Sie die Ideen.

Kurze Beschreibung der Idee	Geplante Aktivitäten	Termin-vorstellungen
1.		
2.		
3.		
4.		

Spielregeln:

Für die Teilnehmer

1. Quantität der Ideen geht vor Qualität
2. Es gibt keine Kritik
3. „Spinnen" ist bei Ideenfindung erwünscht
4. Ideen können von anderen aufgegriffen und fortgeführt werden

Für den Moderator

1. Verantwortlich für die Einhaltung der Regeln
2. Dokumentation der Ideen
3. Einbringen eigener Ideen
4. Verknüpfungen zwischen einzelnen Ideen aufzeigen
5. Fragen stellen

Brainstorming-Organisationsablauf

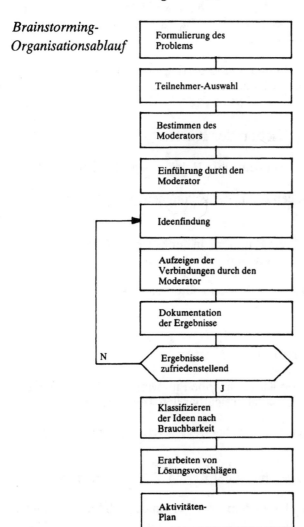

2.2.2 Kartenabfrage

Die Kartenabfrage, institutionalisiertes und zu einem umfassenden System (META-PLAN) von den Gebrüdern Schnelle, Quickborn, weiterentwickelt, geht von folgenden Spielregeln aus:

1. Die Diskussionsbeiträge erfolgen vorwiegend schriftlich

☐ Jeder Teilnehmer kann seine Aussagen auf Karten niederschreiben.

☐ Die Karten (Größe: etwa 10 × 20 Zentimeter) können mit Filzschreibern beschriftet werden (max. 3zeilig).

☐ Jede Karte kann nur eine Aussage aufnehmen. Dies bedeutet, daß der Teilnehmer sich kurz zu fassen hat. Eine Beschränkung der Aussage auf sieben Worte wird empfohlen.

☐ Mündliche Beiträge sollten auf eine bestimmte Zeit, zum Beispiel 30 Sekunden Sprechzeit begrenzt werden.

2. Einsammeln und Mischen der Karten

☐ Die Teilnehmer können in Ruhe ihre Beiträge ausschreiben.

☐ Sollten nicht genug Ideen zusammengekommen sein, gibt der Moderator weitergehende Hinweise.

☐ Der Moderator weist beim Einsammeln der Karten auf die Möglichkeit hin, daß Karten noch nachgereicht werden können.

☐ Während des Einholens der Karten sollten diese vom Moderator gemischt werden.

3. Anstecken und Ordnen der Karten

☐ Vor dem Anstecken der Karten an eine Pinnwand liest der Moderator jede Karte vor. Er zeigt diese dabei sichtbar den Teilnehmern.

☐ Bei Verständnisfragen wird nachgefragt, eventuell sind ergänzende Karten zu schreiben.

☐ Der Moderator sollte den Inhalt der Karten nicht kommentieren.

☐ Alle Karten mit gleichlautendem oder verwandtem Inhalt werden zu Gruppen zusammengefaßt.

☐ Sind alle Karten angebracht und soweit möglich zu Gruppen zugeordnet, sind Oberbegriffe für die einzelnen Gruppen zu finden.

☐ Die Oberbegriffe sind auf kreisförmige Karten zu schreiben.

4. Gewichten der Oberbegriffe

☐ Die Teilnehmer erhalten je nach Anzahl der Gruppen (Cluster) eine bestimmte Menge von Markierungspunkten (zum Beispiel 3 bis 6).

☐ Jeder Teilnehmer vergibt entsprechend seiner Wertschätzung Markierungspunkte für die einzelnen Oberbegriffe.

☐ Das Ergebnis der Gewichtung schafft Prioritäten bei den einzelnen Aufgaben, Problemfeldern oder Lösungsvorschlägen aus der Sicht der Gruppe.

☐ Die Gruppe muß gesamtheitlich das Ergebnis annehmen. Einwände sind zu markieren (zum Beispiel durch Pfeile).

Beispiel für den Ablauf einer Kartenabfrage

1. Gemeinsames Erarbeiten der Aufgabenstellung

☐ Welches Ziel wird angestrebt?

☐ Was ist aus der Sicht der Teilnehmer wichtig?

☐ Formulierung der Problemstellung in Frageform.

☐ Herausarbeiten der zum Problem gehörenden wesentlichen Fragen.

☐ Welchen Stellenwert haben welche Fragen aus der Sicht der Teilnehmer?

☐ Entscheidung durch die Teilnehmer mittels Markierungspunkten.

2. Problem-Auffächerung

☐ Aufgliederung je nach Fachthema in Teilgebiete, die von Kleingruppen parallel bearbeitet werden können.

☐ Wo müßte man ansetzen, um die Problemlösung zu erreichen?

☐ Erarbeitung von alternativen Lösungsansätzen im Plenum.

☐ An welchen Ansatzpunkten soll hier und jetzt genauer und tiefergehend in Kleingruppen gearbeitet werden?

☐ Welche Leitideen sollen weiter verfolgt werden?

☐ Entscheidung durch die Teilnehmer mittels Markierungspunkten.

3. Erarbeitung von Lösungsansätzen

☐ In Kleingruppen pro Teilgebiet.

☐ Formulierung der Teilaufgabe in Frageform.

☐ Sammeln von Lösungsansätzen zu der Fragestellung.

☐ Ordnen und Strukturieren der Lösungsansätze.

☐ Gewichten der Lösungsansätze mit Markierungspunkten.

☐ Zusammenfassen der Lösungsansätze und Aktionsplan-Ansätze aufstellen.

4. Erarbeitung eines Gesamtlösungskatalogs

☐ Vorstellen der Kleingruppen-Ergebnisse im Plenum.

☐ Diskussion der Teilergebnisse.

☐ Abstimmung und Gewichtung der Ergebnisse.

☐ Was soll erreicht werden?

☐ Welche Risikofaktoren bestehen? Welche Realisierungschancen?

☐ Wer soll was tun? (Problemlösungs-Maßnahmen)

☐ In welcher Vorgehensweise?

☐ Wer ist verantwortlich?

Ergebnis einer Kartenabfrage

Zum Ende einer Gruppenarbeit mit Kartenabfrage ist es für jeden Teilnehmer wichtig zu wissen, ob und wie es weitergehen soll.

Durch einen Tätigkeitskatalog erhält man die Festlegung von Folgeaktivitäten.

Dieser Tätigkeitskatalog ist ein konkretes Arbeitspapier. Er soll eine verbindliche Aussage machen

☐ über verantwortliche und beteiligte Personen, Gruppen,

☐ über die Zeitplanung,

☐ über die Art des angestrebten Ergebnisses.

An der Aufstellung dieses Tätigkeitskatalogs wird die gesamte Gruppe beteiligt.

Ein solcher Tätigkeitskatalog hat folgenden Aufbau:

Tätigkeiten	Wer	Mit wem	Zeit	Art des Ergebnisses
1				
2				
3				

2.2.3 Gordon-Methode

☐ Bei dieser Kreativ-Methode handelt es sich um ein didaktisches Brainstorming/writing, das – ebenfalls wie diese – auf dem Prinzip der Intuition basiert.

☐ Der Unterschied zum Brainstorming/writing besteht darin, daß bei dieser Methode nur der Moderator Kenntnis von dem zu lösenden Problem hat und auf dieser Basis den Ideenfluß der Teilnehmer steuert.

Diese Methode hat den Vorteil, daß

- ○ der Gedankenfluß des einzelnen nicht durch eine bestimmte Problemvorgabe eingeengt wird,
- ○ die Teilnehmer sich nicht auf eine spezielle Blickrichtung festlegen, sondern auch ungewöhnliche Wege gehen und
- ○ daß eine egozentrische Beeinflussung des Ergebnisses durch einzelne unterbunden wird.

2.2.4 Methode 635

Zielsetzung:	Lösung von Problemen auf der Basis der Kombination der Ideen aller Teilnehmer
Zeitdauer:	ca. 60 Minuten
Probleme:	allen Teilnehmern bekannt
Zusammensetzung der Teilnehmer:	6 Teilnehmer (635)

Spielregeln: Gruppenarbeit läuft ohne Moderator ab

1. Jeder Teilnehmer notiert 3 Ideen (635) auf ein dafür konzipiertes Papier
2. Die Zeitvorgabe für das Gewinnen der 3 Ideen sollte 10 Minuten nicht überschreiten
3. Jeder hat an den Ideen aller anderen Teilnehmer weiterzuarbeiten. Daher sind insgesamt 5 Weitergaben erforderlich (635)

Methode 635 –
Organisationsablauf

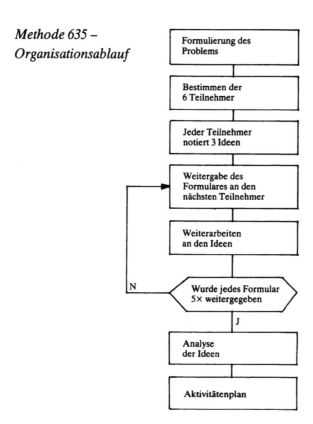

2.2.5 Morphologische Methode

Die Morphologie beruht auf dem Prinzip der Analyse. Sie bietet wegen ihrer Systematik einen hohen Grad der Vollständigkeit.

Zielsetzung: Lösung von Problemen durch die Aufspaltung des Problems in Teilprobleme. Durch die Kombination der gefundenen Teillösungen erreicht man eine Gesamtlösung.

Zusammensetzung der Teilnehmer: möglichst heterogener Kreis, der jedoch über spezielles problembezogenes Wissen verfügen sollte.

Spielregeln:
1. Definition und Analyse des Problems
2. Strukturieren der Problemvorgabe in Teilprobleme
3. Erfassen der Teillösungen
4. Kombinieren der Teillösungsvorschläge zur Gesamtproblemlösung

Hilfsmittel: Als Hilfsmittel für diese Kreativ-Methode kann die unten abgebildete Matrix, der Morphologische Kasten, verwendet werden.

Teil-probleme	Teil-Lösungen			

2.2.6 Checklisten-Methode

Hier handelt es sich ebenfalls um eine analytische Methode zur Problemlösung. In einer Checkliste werden die erforderlichen Eigenschaften der Lösung festgehalten.

○ Mögliche Lösungen können anhand dieser Checkliste abgehakt werden.

○ Auf diese Weise erfolgt gleichzeitig eine Vorauswahl der Ideen.

2.2.7   Synektik

Zielsetzung: Lösung von Problemen durch Verfremdung der
Probleme und Bildung von Analogieschlüssen

Zeitdauer: ca. 90 Minuten

Probleme: bekannte Problemstellung

Zusammensetzung möglichst heterogener Kreis
der Teilnehmer: 4 – 8 Personen
1 geschulter Moderator

Spielregeln: 1. Definition und Analyse des Problems
2. Erfassen der spontanen Lösungsvorschläge
3. Finden von Problemlösungen aus anderen
Lebensbereichen
4. Verfremdete und vertraute Lösungsansätze überprüfen und evtl. kombinieren

*Synektik-
Organisationsablauf*

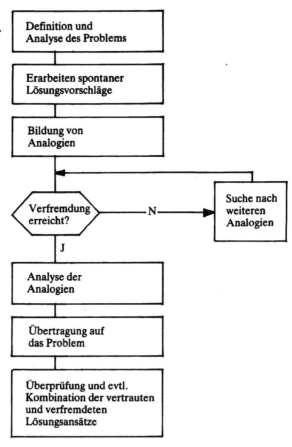

2.2.8   Bionik-Methode

Diese Kreativ-Methode ist eine Subvariante der Synektik, die ja eine der kreativsten Techniken überhaupt darstellt, da das Denken hier in ganz andere Bahnen gelenkt wird. Ursprünglich wird das Problem verfremdet, indem dann bei der Lösungsfindung nach einer Analogie in anderen Lebensbereichen gesucht wird.

Bei der Bionik-Methode werden Problemlösungen in den Bereichen der Natur gesucht, die sich auf das zu lösende Problem übertragen lassen.

Beispiele: Flugvermögen eines Vogels – Flugzeug
Schutzfunktion eines Pilzes – Regenschirm
Schwimmfähigkeit von Hohlräumen – Schiffbau usw.

2.2.9   Dialektik-Methode

Sie stellt eine besondere Form des Denkens dar, weil mit einer Umkehrung der Problemlösung gearbeitet wird. Dabei wird von den Teilnehmern die Lösung des gegensätzlichen Problems gesucht, um auf diese Weise an eine umfassende Problemlösung zu gelangen.

Beispiele: Um nach Möglichkeiten für eine kundenorientierte Unternehmenspolitik zu suchen, sollte man die Erwartungshaltung des Kunden berücksichtigen und sich bei der Suche nach kundennahen Praktiken in seine Lage versetzen.

Um nach Möglichkeiten für die Verhinderung eines Einbruchs zu suchen, sollte man sich in die Rolle eines Einbrechers versetzen und seine Möglichkeiten analysieren.

2.2.10   Qualitätszirkel

Inhalt:

Eine Gruppe
☐ greift ohne Vorgabe von anderer Seite Probleme aus dem eigenen Tätigkeitsbereich auf,

☐ versucht Lösungsvorschläge zu erarbeiten

☐ und diese im Rahmen ihrer Kompetenzen oder mit Hilfe anderer zu realisieren.

Die Gruppe

☐ gibt sich ihre Ziele selbst vor,

☐ arbeitet freiwillig,

☐ versucht Mitarbeiter, soweit erforderlich, aus allen Organisations-
ebenen einzubeziehen.

Voraussetzungen:

☐ Die Unternehmensleitung muß sich mit der Planung und Einführung
von Qualitätszirkeln identifizieren.

☐ Die Entscheidungsträger haben die Strategien zu entwickeln, die
Richtlinien vorzugeben, die Mittel bereitzustellen und die Zirkelaktivitä-
ten zu fördern.

☐ Sämtliche Führungskräfte sollten die Aktivitäten fördern und ein positives Klima schaffen.

☐ Für die einzelnen Qualitätszirkel sind Leiter, die eine Moderatoren-
funktion ausüben, zu ernennen.

greift Probleme auf....

2.3 Einsatz von Techniken zur besseren Entscheidungsfindung

2.3.1 Die Nutzwertanalyse

Eine Technik zur besseren Entscheidungsfindung ist die Nutzwertanalyse. Sie erlaubt es, anhand mehrerer Kriterien und aufgrund subjektiver Wertvorstellungen eine Wahl unter verschiedenen komplexen Handlungsalternativen zu treffen. Gewählt wird die Alternative mit dem höchsten Nutzwert. Diese Methode sollte also immer dann eingesetzt werden, wenn es um die Auswahl der besten Alternative aus mehreren geht.

Die wesentlichen Schritte bei der Durchführung der Nutzwertanalyse sind:

1. Ziel der Entscheidung definieren

Beispiel: „Kauf eines Betriebes"
„Standortwahl für eine Filiale"
„Auswahl einer Maschine"
„Kauf eines LKW's"

2. Festlegen der Forderungen, welche die Entscheidung unbedingt erfüllen muß

Hierunter fallen alle diejenigen Forderungen, die die Alternativen unbedingt erfüllen müssen, um zur Auswahl zugelassen zu werden.

Beispiel: Preis eines Transporters nicht über DM 30 000,–

3. Aufstellen der Auswahlkriterien

Die Auswahlkriterien stellen die eigentliche Grundlage zur Auswahl der Alternativen dar. Dabei sollte von Oberbegriffen ausgegangen werden. Diese sind dann schrittweise zu zergliedern.

Beispiel: Oberbegriff beim Autokauf: Wirtschaftlichkeit.

Auswahlkriterien daraus:

☐ Preis
☐ Benzinverbrauch
☐ Steuer
☐ Versicherung

4. Gewichten der Auswahlkriterien

Beispiel: Die Oberbegriffe werden nach der relativen Wichtigkeit für das Entscheidungsziel gewichtet. So kann man zum Beispiel für die Oberbegriffe insgesamt 100% vergeben. Für die aus den Oberbegriffen abgeleiteten Auswahlkriterien wird dann eine weitere Unterteilung der Prozentsätze vorgenommen.

Gewichtung der Kriterien beim Hauskauf			Gesamt-anteil	
Flächen-angebot	20%	davon Wohnfläche	50% =	10%
		Abstellfläche einschl. Garagen	30% =	6%
		Gartenflächen	20% =	4%
Lage	20%	davon Verkehrslage	70% =	14%
		Umgebung	30% =	6%
Baueigen-schaften	30%	davon Baualter	20% =	6%
		Bauweise	10% =	3%
		Bauausstattung	50% =	15%
		Bauzustand	20% =	6%
Kosten	30%		=	30%
				100%

5. Erarbeiten der Alternativen

Es sind alle relevanten Alternativen zu ermitteln. Wichtig ist, daß diese die unbedingten Forderungen erfüllen (siehe Schritt 2).

6. Bewerten der Alternativen

Für die praktische Durchführung können Punktbewertungsverfahren in Frage kommen. So kann man zum Beispiel für die Erfüllung eines Auswahlkriteriums Wertzahlen von 1 bis 10 (1 = geringfügige Erfüllung, 10 = Wunsch wird am besten erfüllt) vergeben.

7. Auswahl der besten Alternativen als Entscheidung

Wählen Sie die Alternative, die

- O alle unbedingten Forderungen erfüllt
- O die beste Anpassung an die Auswahlkriterien zeigt
- O die geringsten Nachteile hat (Idealfall).

In der Praxis könnte zum Beispiel die zweitbeste Alternative die bessere Entscheidung sein, wenn sie weniger Nachteile als die beste hätte. Bei Alternativen mit fast gleicher Punktzahl kann man zum Beispiel auch zur Auswahl eine Stichwahl mit den wichtigsten Kriterien durchführen.

Auswahl von Alternativen mit Hilfe der Nutzwertanalyse

Auswahl-kriterien	Gewich-tung G	Alternativen					
		1		2		3	
		Wertigk. W	G × W	W	G × W	W	G × W
A	10	10	100	4	40	–	–
B	15	8	120	6	90	6	90
C	30	4	120	7	210	5	150
D	35	5	175	6	210	4	140
E	5	10	50	4	20	6	30
F	5	10	50	6	30	4	20
Punkt-zahl	100		615		600		430
Stichwahl (Kriterien C + D)			295		420		290

Vor- und Nachteile der Nutzwertanalyse

Wo liegen nun die Vor- und Nachteile eines solchen Verfahrens?

Sicherlich wird mancher allein durch den Zwang zur schriftlichen Fixierung der Entscheidungskriterien und die Berechnung der Alternativen dies als eine zu zeitaufwendige Angelegenheit ablehnen. Hinsichtlich dieses Arguments sollte man jedoch berücksichtigen, daß sich das Bewertungsverfahren auch vereinfachen läßt. So kann man zum Beispiel bestimmen, daß diejenige Alternative gewählt wird, die die drei oder vier wichtigsten Kriterien am besten erfüllt.

Im Grundsatz sollte jedoch Klarheit darüber bestehen, daß nun einmal mehrere Entscheidungskriterien eine Entscheidung beeinflussen und daß die in Frage kommenden Alternativen die Kriterien unterschiedlich abdecken.

Die Anwender der Nutzwertanalyse befürworten diese Technik vor allem wegen der Objektivierung und Nachvollziehbarkeit der Entscheidungen.

Formular zur Entscheidungsfindung

① Ziel der Entscheidung								
② Unbedingte Forderungen								
		⑤ Alternativen						
③ Auswahlkriterien	④ G	⑥ W	G×W	⑥ W	G×W	⑥ W	G×W	⑥ W	G×W
Ergebnisse								
⑦ Entscheidung								

Beispiel zur Nutzwertanalyse: Kauf eines Abfüll- und Dosierautomaten

① Ziel der Entscheidung	Kauf eines Abfüll- und Dosierautomaten					
② Unbedingte Forderungen	1. Preis nicht über DM 70000,– 2. Hohe Portionier- und Abdrehgeschwindigkeit 3. Portioniergenauigkeit					
	⑤ Alternativen					
	Automat 1		Automat 2		Automat 3	
③ Auswahlkriterien	④ G	⑥ W	G×W	⑥ W	G×W	⑥ W	G×W
Preis, Rabatt	25	6	150	10	250	8	200
Maschinen-Leistung							
– hohe nutzbare automatische Portionier- und Abdrehgeschwindigkeit	10	8	80	7	70	8	80
– Portioniergenauigkeit	5	8	40	8	40	10	50
– Fülleistung pro Stunde	5	6	30	6	30	8	40
– Beschaffenheit des Portionier- und Fördersystems	5	7	35	4	20	7	35
– Füllgutbehandlung durch die Maschine	5	10	50	6	30	8	40
– schonendes Fördern, auch empfindlicher Massen	6	10	60	5	30	10	60
– universelle Einsetzbarkeit für verschiedene Füllprodukte	10	6	60	4	40	10	100
– Baukastenmögliche Ausbaufähigkeit der Maschine mit Zusatzgeräten	4 50	5	20	5	20	10	40
Ergonomieberücksichtigung für das Bedienungspersonal	3	8	24	8	24	8	24
Bedienbarkeit der Maschine	3	8	24	6	18	10	30
Reinigungsfreundlichkeit	4	10	40	6	24	10	40
Design	2	10	20	5	10	8	16
Kundendienst	6	8	48	8	48	6	36
Firmenimage	3	10	30	5	15	10	30
Wiederverkaufswert	4	8	32	10	40	10	40
Ergebnisse	100		743		709		861
⑦ Entscheidung						×

Es gibt zahlreiche mittlere und größere Unternehmungen, in denen Führungskräfte gehalten sind, Entscheidungen ab einem bestimmten Wertgefüge auf der Basis dieser Methode zu treffen.

Es darf nicht vergessen werden, daß diese Methode durch den Entscheidungsprozeß wesentlich transparenter wird. Damit wird letztlich eine Optimierung der Entscheidung erreicht.

Für diese Methode bietet sich der Einsatz eines Personal Computers mit einem Tabellenkalkulationsprogramm an, z. B. Multiplan oder LOTUS 1–2–3, da man damit zeitsparend und sicher verschiedene Alternativen berechnen und ausdrucken kann.

2.3.2 Die Entscheidungstabellentechnik

Das Problem

Während es bei der Nutzwertanalyse darum geht, aus mehreren Alternativen sich für die beste Alternative zu entscheiden, dient die Entscheidungstabellentechnik dazu, Regeln, Zusammenhänge und Abhängigkeiten in schematischer Form klar und übersichtlich darzustellen, die anders (zum Beispiel verbal) nur umständlich beschrieben werden könnten.

Eindeutig festgelegte Regeln machen jeden Organisationsprozeß strukturierbar, programmierbar und rationalisierungsfähig. Dies gilt nicht nur für die durch Datenverarbeitung zu lösenden Probleme, sondern für jeden Organisationsprozeß. Aus diesem Grund ist es empfehlenswert, sich über die Regeln im klaren zu sein, nach denen man Aktivitäten durchführt.

Die Formalisierung dieser Regeln führt zu einer

☐ Objektivierung (zum Beispiel bei Entscheidungsprozessen)
☐ Arbeitserleichterung und
☐ Zeiteinsparung.

Für diese Formalisierung eignen sich insbesondere Entscheidungstabellen.

Wesen der Entscheidungstabellen

Der Grundgedanke der Entscheidungstabellen geht davon aus, daß die Bedingungen und zugehörigen erforderlichen Maßnahmen eines zu lösenden Problems einander in Tabellenform gegenübergestellt werden.

In diesem Beispiel umfassen die Regeln 1 bis 4 alle Fälle, die in der Praxis von Bedeutung sind. Die anderen, nach der Tabelle möglichen Situationen (bei drei Bedingungen, die jeweils in zwei Formen auftreten können, ergeben sich $2^3 = 8$ Kombinationsmöglichkeiten) scheiden aus praktischen Gründen aus. Die Tatsache, daß die praktisch in Frage kommenden Bedingungskombinationen oft nur einen geringen Teil der theoretisch möglichen ausmachen, ist besonders zu beachten. Nutzt man sie aus, dann erhält man mit geringem Aufwand übersichtliche Darstellungen.

Beispiel einer Entscheidungstabelle:

	Regel 1	Regel 2	Regel 3	Regel 4
Lieferung in Ordnung	Ja	Ja	Nein	
Rechnung stimmt	Ja	Ja		Nein
Liquide Mittel vorhanden	Ja	Nein		
Skonto abziehen	X			
Zahlen innerhalb Skontofrist	X			
Zahlungsfrist ausnützen		X		
Reklamation			X	X

Vorteile der Entscheidungstabellentechnik

Kurz und bündig

a) Standardformat

b) Standardsprache

Logisch

a) Einfache Prüfung, ob alle möglichen Kombinationen berücksichtigt wurden

b) Nebeneinanderstehende Alternativen erleichtern die Analyse der Kombinationen und

c) Zeigen auf einfache und klare Weise Ursache und Wirkung bestimmter Zusammenhänge.

Einfach und schnell zu ergänzen oder zu ändern;
Leicht verständlich

a) Sie benutzen sie praktisch täglich, denken Sie an: Telefonbuch, Kursbuch, Branchenverzeichnis, Wörterbuch, Logarithmentafel, Inhaltsverzeichnis eines Buches usw.

b) Keine Spezialkenntnisse erforderlich (auch kein EDV-Wissen).

3. Rationeller vermitteln

3.1 Grundsätzliche Voraussetzungen einer optimalen Wissensvermittlung

Bei der Planung, Durchführung und Kontrolle von Schulungsmaßnahmen hat man eine Reihe von Erkenntnissen zu berücksichtigen. Im folgenden soll in Form von Thesen gezeigt werden, was bei jeglicher Art von Wissensvermittlung generell zu beachten ist.

1. Klare Zielsetzungen sind nötig

Man muß sich darüber im klaren sein, daß Aus- und Weiterbildungsmaßnahmen verschiedenen Zwecken dienen und daß die vorhandenen Lehrmethoden für die verschiedenen Zielsetzungen unterschiedlich geeignet sind. Nur wenn ein eindeutiges Ziel vorhanden ist, kann z. B. die geeignetste Lehrmethode gefunden werden. Wird die Zielsetzung für jede einzelne Schulungsmaßnahme möglichst genau definiert, hat man auch einen guten Maßstab für die objektive Beurteilung der Weiterbildungsergebnisse.

Jeder Referent weiß, daß die Zielsetzungen beispielsweise beim Vortrag und Unterricht unterschiedlich sind oder daß z. B. die Weiterbildung von Führungskräften u. a. folgende Ziele verfolgt:

- ○ Vermittlung von Wissen
- ○ Verbesserung der Entscheidungsfähigkeit
- ○ Förderung der gesamten Persönlichkeit.

2. Das Stoffprogramm ist zu analysieren

Im Stoffprogramm wird der zu vermittelnde und zu verarbeitende Lehrstoff festgelegt. Das Stoffprogramm sagt aus, was vermittelt werden soll. Im Rahmen der Analyse des Stoffprogramms ist es beispielsweise erforderlich, sich einen Überblick über den Wissensstand bzw. die Schulungs-/Informationslücken der Teilnehmer zu verschaffen.

3. Das Lehrprogramm ist systematisch aufzubauen

Das Lehrprogramm umfaßt die Gestaltung und Durchführung des Stoffprogramms. Es gibt darüber Auskunft, in welcher Art und in welcher Reihenfolge der zu vermittelnde Stoff dargeboten werden soll.

Phasen eines Schulungsprogramms

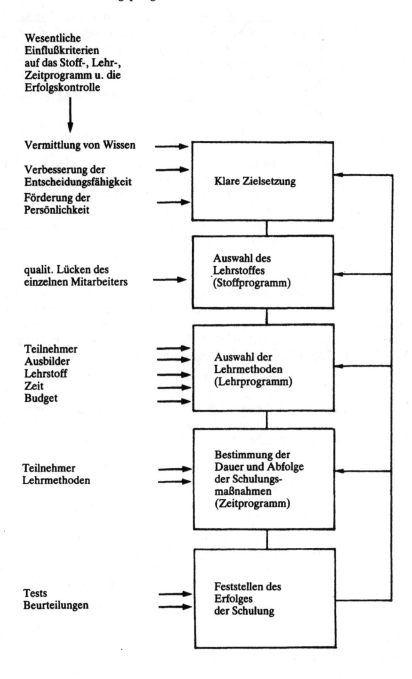

Bevor Lehrprogramme aufgestellt werden, muß man die Lehrmethoden genau analysieren. Die Lehrmethoden sollten dabei auf die spezifische Situation abgestimmt werden. Die Auswahl der geeigneten Methoden ist nicht leicht, da eine Reihe von Kriterien zu berücksichtigen sind:

67

a) Teilnehmerabhängige Kriterien

Bei der Auswahl der einzelnen Methoden ist zunächst die personale Struktur der zu Schulenden zu berücksichtigen. Dabei muß vor allem das Alter und die Veranlagung der Schulungsteilnehmer beachtet werden. So sind z. B. Nachwuchskräfte im allgemeinen eher bereit, ihr Wissen durch Vorträge zu erweitern. Erfahrene Führungskräfte legen dagegen größeren Wert auf Erfahrungsaustausch, weshalb sich für deren Schulung besonders aktive Lehrmethoden eignen.

b) Ausbilderabhängige Kriterien

Bei der Auswahl der angemessenen Lehrmethoden wird der Referent auch Rücksicht auf die zur Verfügung stehenden Techniken nehmen müssen. Dabei ist auch zu beachten, daß die Ausbilder oft nur bei wenigen Methoden gute Kenntnisse und Erfahrungen haben. Alle noch so guten Lehrmethoden verfehlen die angestrebten Ziele, wenn man nicht die notwendige Erfahrung dafür besitzt.

c) Stoffabhängige Kriterien

Die Lehrmethoden eignen sich unterschiedlich für die zu behandelnden Stoffgebiete. So verlangt die Entwicklung des abstrakten Denkvermögens des einzelnen Teilnehmers andere Methoden als z. B. die Schulung in Menschenführung. Zu berücksichtigen ist auch, ob sich die Lehrmethode im Hinblick auf die Häufigkeit der Stoffdarbietung eignet.

d) Zeitabhängige Kriterien

Die Auswahl der anzuwendenden Schulungsmethoden hängt außerdem von der zur Verfügung stehenden Zeit ab. Die Vorbereitung und Durchführung von Unternehmensspielen (vgl. z. B. Nagel 88-2) und praktischen Fällen erfordern z. B. einen wesentlich größeren Zeitaufwand als Vorträge. Diese Methoden können nur dort nutzbringend eingesetzt werden, wo genügend Zeit vorhanden ist.

e) Budgetabhängige Kriterien

Einen sehr starken Einfluß auf die Auswahl der Lehrmethoden haben die für die Schulung vorhandenen finanziellen Mittel. Steht der Ausbildungsabteilung bzw. dem Referenten nur ein relativ kleiner Betrag zur Verfügung, dann verbieten sich eine Reihe von Methoden wegen hoher Kosten von selbst.

4. Das Zeitprogramm ist sorgfältig zu bestimmen

Das Zeitprogramm, das die Dauer und Reihenfolge der Ausbildungskurse bzw. Referate bestimmt, wird im wesentlichen von den angestrebten Zielen abhängen. Man hat in den letzten Jahrzehnten viele wichtige Entdeckungen über die Grundlagen des Lernens und Lehrens gemacht. So ist z. B. heute allgemein bekannt, daß durch kurze, gestaffelte Lernzeiten pro

Zeiteinheit ein höherer Lernfortschritt als bei lang andauerndem Lernen erzielt wird und andererseits anhaltendes Lernen geeignet ist, die Ausdauer und den Willen zu kräftigen.

Die Zeitdauer der Aus- und Weiterbildung muß daher so bemessen sein, daß die Schulungsteilnehmer sich einerseits nicht überfordert fühlen, andererseits aber auch nicht die Schulungsveranstaltung als Erholung betrachten.

5. Der Erfolg der Schulungsmaßnahmen ist möglichst individuell zu ermitteln

Die Erfolgskontrolle ist ein weiteres wichtiges Element in einem planmäßig betriebenen Schulungssystem. Dabei ist festzuhalten, daß sich die Erfolgskontrolle ausschließlich am Lernziel zu orientieren hat. Es können im wesentlichen drei verschiedene Stufen der Erfolgskontrolle unterschieden werden:

○ Eindrücke der Teilnehmer, Ausbilder oder Beobachtungen Dritter als Bewertungsgrundlage,

○ Ermittlung des Lernerfolges durch Prüfungen und andere Kontrollarbeiten,

○ Erfolgsmessung durch regelmäßige Mitarbeiterbeurteilungen.

Die Erfolgskontrollen dienen dem Lernenden und dem Unterrichtenden. Sie bieten dem Lernenden Chancen zu Erfolgserlebnissen und die Möglichkeit zur Selbstkontrolle. Der Unterrichtende kann seinen Unterricht kontrollieren sowie die Ergebnisse der Erfolgskontrolle als Beurteilungshilfe verwenden.

Erfolgskontrolle

3.2 Generelle Hinweise zur Verbesserung der Unterrichtsgestaltung

Es wird immer wieder gefordet, den Unterricht effektiver zu gestalten. Dies liegt besonders in der Hand des Dozenten. Der Einfluß seiner Persönlichkeit kann durch keine Lehrbücher ersetzt werden. Vor allem muß er stets in der Lage sein, die Wirkung seines Unterrichts bzw. Vortrags bei den Zuhörern zu beurteilen. Er sollte die Fähigkeit haben, durch positive Unterrichtsgestaltung bei den Hörern „anzukommen".

Unterschiedliche Erwartungen, Interessenlagen und Motivationen der Teilnehmer müssen bereits im voraus einkalkuliert und berücksichtigt werden. Es ist bewiesen, daß unaufmerksam aufgenommener Lernstoff nicht im Gedächtnis haftet – das Lernen ist oberflächlicher und von geringerer Nachhaltigkeit, häufigere Wiederholungen werden notwendig, um das Pensum zu beherrschen. Daraus ergibt sich für den Referenten die Notwendigkeit, die Aufmerksamkeit der Zuhörer zu verbessern, um dadurch einen größeren Lerneffekt zu erzielen.

Dies kann erreicht werden durch:

☐ Einen gezielten Unterricht, der auf die Zuhörer positiv einwirkt und ihre Interessen, Einstellungen, Bedürfnisse und ihre Persönlichkeit berücksichtigt.

☐ Kontaktnahme zu den Teilnehmern, da die Effizienz des Unterrichts von einer guten Lehrer-Zuhörer-Beziehung abhängt.

☐ Ein wirkungsvolles und interessantes Gestalten des Vortrags. Dazu gehören gezielte Aufgaben- und Problemstellungen während des Vortrags, um Ermüdungserscheinungen entgegenzuwirken.

☐ Beherrschen der wichtigsten rethorischen Regeln. Es ist wichtig, den Lernstoff auch richtig vorzutragen, indem man

    ○ nur anschauliche, aussagekräftige Wörter benutzt,
    ○ nicht ständig dieselben Redewendungen bevorzugt,
    ○ wohldosierte Sprechpausen anwendet,
    ○ Verhaltensmaßregeln nur selten benutzt und
    ○ den akustischen Eindruck durch den Blickkontakt mit dem Hörer verstärkt.

☐ Konzentration beim Vortrag. Wer unverbraucht und ausgeglichen zu den Lehrveranstaltungen erscheint und einen lebendigen, praxisbezogenen Unterricht erteilt, wird kaum über mangelnde Konzentration und Interessenlosigkeit seiner Zuhörer zu klagen haben.

☐ Eigene Begeisterungsfähigkeit für das zu behandelnde Thema. Diese Begeisterung muß glaubwürdig in der Gestik, Mimik und Modulationsfähigkeit der Stimme zum Ausdruck kommen.

☐ Gezielte Erholungspausen und Entspannungsmomente. Es ist erwiesen, daß die Aufnahmefähigkeit sowie die Aufmerksamkeit ab einem gewissen Zeitpunkt nachläßt und wieder neu erzeugt werden muß.

☐ Einsetzen von visuellen Hilfsmitteln. Für den Zuhörer wird dadurch der Unterricht effektiver gestaltet und dem Dozenten erleichtern diese Unterrichtsmittel die Darbietung seines Lehrstoffes.

Einsetzen von visuellen Hilfsmitteln!

3.3 Planung und Vorbereitung eines Referates

Um beim Vortrag Erfolge zu erzielen, muß der Redner die einzelnen bereits dargestellten Schulungselemente sinnvoll planen und die notwendigen Vorbereitungen treffen. Dies sollte unter folgenden Gesichtspunkten geschehen:

Themenbezogene Vorbereitung

☐ Material zum jeweiligen Thema sammeln.

☐ Bemühen Sie sich um die neuesten Informationen zu dem relevanten Themenkreis.

☐ Nutzen Sie insbesondere die maschinellen Abfragesysteme bezüglich relevanter Literatur und praktischen Anwendungsbeispielen.

☐ Gedanken, die Ihnen zu diesem Themenkreis einfallen, festhalten und in Stichworten notieren.

☐ Gesammeltes Material auswerten, sortieren und daraus eine Gliederung sowie Unterlagen für die Teilnehmer erstellen.

☐ Überlegen Sie, welche Lehrmethoden geeignet sind, das Thema am besten zu vermitteln.

☐ Denken Sie bei der Ausarbeitung immer an den Nutzen für die Teilnehmer.

☐ Versuchen Sie, die Ausführungen möglichst anschaulich (z. B. durch praktische Fälle, plastische Vergleiche) zu gestalten.

☐ Gesammeltes Material als Grundkonzept für das Referat benutzen.

Ermittlung der Teilnehmerstruktur

☐ Teilnehmerkreis analysieren
  ○ Liste der Teilnehmer – soweit möglich – beschaffen und einsehen.
  ○ Vorkenntnisse und Berufserfahrung sowie Position der Teilnehmer feststellen.
  ○ Ermitteln der notwendigen Informationen bei den relevanten Gesprächspartnern.

☐ Stoff- und Methodenprogramm auf die Teilnehmer abstellen

    ○ Referatsinhalt auf das Niveau der Teilnehmer abstimmen.

    ○ Beispiele auf die Teilnehmerstrukturen beziehen (z. B. durch Branchenbeispiele).

    ○ Einsatz adäquater Lehrmethoden entsprechend dem Teilnehmerkreis (z. B. Planspiele, siehe hierzu das Planspielbuch des Autors).

☐ Bereitzustellendes Material und Unterlagen koordinieren.

Vorbereitung zur Lernzielbestimmung und Stoffdarbietung

☐ Nach Möglichkeit praxisnahe und konkrete Ziele.

☐ Begründung der Lernziele.

☐ Nomination gewünschter Einstellungsänderungen.

☐ Systematischer Aufbau des Stoffprogramms.

☐ Schlüssigkeit der Ausführungen.

☐ Begründung der Sachverhalte.

☐ Adäquate Formen der Teilnehmerbeteiligung.

Räumliche Gegebenheiten inspizieren

☐ Wenn möglich, Veranstaltungsraum einige Tage vorher auf folgende Kriterien hin untersuchen bzw. Informationen darüber einholen (überlassen Sie auch diesbezüglich nichts dem Zufall):

    ○ Raumgröße (ist er für die Anzahl der Teilnehmer geeignet?).

    ○ Sitzordnung (eventuell umstellen lassen).

    ○ Akustik (Mikrofon, Lautsprecher).

    ○ Beleuchtung (ausreichend oder zu grell).

    ○ Elektrische Anschlüsse (Steckdosen, Verlängerungskabel).

    ○ Verdunkelungsmöglichkeit (dichte Vorhänge, Jalousetten usw.).

    ○ Rednerpult (eventuell erhöht).

    ○ Methodische Hilfsmittel (Hafttafel, Wandtafel, Meta-Plan-Technik, Modelle, usw.).

    ○ Visuelle Hilfsmittel (Diaprojektor, Folienprojektor, Videorekorder usw.).

Zeitpunkt und Länge des Referats berücksichtigen

☐ Zu welchem Zeitpunkt spreche ich?
(morgens sind Zuhörer aufnahmebereiter und lernfähiger als nach einem ausgiebigen Essen oder spät abends).

☐ Wer ist mein Vorredner?
(durch Anhören seiner Ausführungen eventuell gedanklich an seine Rede anknüpfen, um dadurch einen besseren Einstieg zu finden).

☐ Wie lang ist mein Referat?
(wenn möglich nur 40 bis 60 Minuten, falls länger, eine kurze Pause einlegen, um dem Zuhörer Erholungspausen und eine geistige Sammlung zu ermöglichen).

Zitat frei nach Tucholski: Rede über alles nur nicht über 60 Minuten!

Vorbereitungen zur eigenen Person

☐ Korrekte persönliche Erscheinung

   ○ Zeitgemäße Kleidung, in der man sich wohlfühlt und genügend Bewegungsfreiheit hat.
   ○ Gepflegtes Äußeres.
   ○ Ausstrahlen von körperlicher und geistiger Frische.

☐ Systematik in den Unterlagen und Hilfsmitteln

   ○ Ordnung und Vollständigkeit in den für das Referat benötigten Unterlagen, Schreibgeräten, Hilfsmitteln.
   ○ Vorbereitetes Material auf mögliche Fragen bereithalten.

☐ Positive Eigenmotivation

   ○ Überzeugung und Selbstvertrauen (keine Minderwertigkeitskomplexe).
   ○ Identifikation mit dem Thema.
   ○ Engagement zeigen.

Nach 60 Minuten kann
man über alles reden.....
(Zitat sehr frei nach Tucholski)

3.4 Praktische Hinweise zur überzeugenden Durchführung eines Referates

Für den Erfolg des Referates ist der erste Kontakt von entscheidender Bedeutung. Durch einige verbindliche Worte und eventuelles Anknüpfen an eine Situation vor Ort, Aussagen des vorhergehenden Referates usw. läßt sich der Kontakt zu den Teilnehmern leichter herstellen. Folgende Grundregeln sollten zu Beginn eines Referates berücksichtigt werden:

Persönliche Vorstellung

☐ Positionsbeschreibung
(möglichst nicht mit „ich" beginnen, um zu vermeiden, daß der Referent sich in den Mittelpunkt stellt).

☐ Kontakt durch Kompetenz stärken
(aber ein Hochspielen der eigenen Persönlichkeit vermeiden).

Persönliche Verhaltensweise

☐ Augenkontakt herstellen
Nur über Augenkontakt können Sie sich auf Zuhörer einstellen – und eventuell auch noch umstellen.

☐ Sprechtechnik beherrschen
Nicht zu schnell, zu leise, undeutlich oder ohne Pausen sprechen. Dynamisches Reden wird durch Wechsel des Sprechtempos, der Lautstärke und der Stimmfärbung erreicht.

☐ Fremdwörter und spezielle Fachausdrücke nur dann verwenden, wenn diese allgemein verständlich sind und auch alle Teilnehmer sich darunter etwas vorstellen können. Lange Schachtelsätze vermeiden.

☐ Gesten zur Wirkungssteigerung einsetzen
  O Gesten sollen natürlich, nicht gekünstelt oder nachgeahmt wirken (unmotiviertes Gestikulieren vermeiden),
  O Gesten müssen im Einklang mit der Aussage stehen und
  O sollten bewußt und gekonnt eingesetzt werden.

☐ Haltung bewahren
  O Haltung und Gangart sind die äußerliche Darstellung innerer Vorgänge, daher sollte man
  O ruhig, aber nicht angewurzelt stehen oder gemessenen Schrittes durch die Zuhörerreihen gehen.

Motivation der Teilnehmer

Eigentlich sollte man annehmen, daß das Problem der Motivierung nicht besteht, da man davon ausgehen kann, daß Personen, die sich für die Teilnahme an einem Vortrag entschieden haben, hinreichend motiviert sind. Trotzdem kann ein monotoner Vortrag auch den motiviertesten Teilnehmer frustrieren.

Deshalb empfiehlt es sich,

☐ Voraussetzungen für eine erhöhte Aufnahmebereitschaft der Zuhörer zu schaffen (Teilnehmeraufmerksamkeit und Teilnehmerinteresse für das Thema gewinnen).

☐ Kontakt mit den Teilnehmern herzustellen (sachlichen und eventuell emotionalen Kontakt).
  ○ Sachlichen Kontakt erreichen Sie, indem Sie in Frageform die Probleme und Wünsche der Teilnehmer ansprechen.
  ○ Emotionalen Kontakt erreichen Sie über das Schaffen einer positiven Gesprächsatmosphäre (z. B. Teilnehmer mit Namen ansprechen, Blickkontakte, gemeinsame Bezugspunkte herstellen).

☐ In Form von rhetorischen Fragen Teilnehmer mit dem Thema zu identifizieren, um das Zuhören und eine Mitarbeit lohnenswert für ihr erscheinen zu lassen (Probleme, Vergleiche, Beispiele usw. aus der Vorstellungswelt und der Praxis der Teilnehmer bringen).

☐ Aktives Mitwirken der Teilnehmer zu fördern durch
  ○ Darstellen der Probleme, um beim Teilnehmer ein Bedürfnis nach einer Problemlösung zu wecken,
  ○ gemeinsam entwickelte Lösungswege (für und wider abwägen),
  ○ Animieren zu weiteren Beispielen oder eventuell zu zusätzlichen Fragen der Teilnehmer.

Themenbehandlung

☐ Ein attraktiv formuliertes Thema erhöht den Identifikationsgrad der Zuhörer mit dem Thema
  ○ Motive, Wünsche usw. ansprechen,
  ○ Vorstellungen, Bilder usw. hervorrufen,
  ○ positive Formulierungen verwenden.

☐ Sinn und Ziel des Referates den Teilnehmern vermitteln.

☐ Thema strukturieren und in Abschnitten vortragen, um die Möglichkeit einer ermüdenden „Dauerberieselung" auszuschalten. Dies

○ verbessert die Übersicht des Themas und

○ ermöglicht ein besseres Verständnis.

☐ Bei den einzelnen Ausführungen immer auf den „roten Faden" (entsprechend der Gliederung) verweisen.

☐ Ergebnisse, Schlußfolgerungen und Erkenntnisse des Referates nicht vorwegnehmen, sondern im Laufe der Rede entwickeln und in dosierter Weise dem Publikum weitergeben, um eine gewisse Spannung beizubehalten.

☐ Die wesentlichen Tatbestände, Kernideen und Ergebnisse am Ende eines jeden Abschnittes wiederholen (verdichtet darstellen).

☐ In der Zusammenfassung sollten nochmals die maßgeblichen Erkenntnisse herausgestellt werden. Beenden Sie den Vortrag mit einer positiven Aussage.

☐ Unterlagen für die Teilnehmer nur dann im voraus austeilen, wenn sie während des Referates als Arbeitsmaterial benötigt werden.

☐ Sonstige Literatur vor Veranstaltungsbeginn auf den Platz der Teilnehmer legen.

☐ Störungen von außen abschalten, da sie die Teilnehmer ablenken (evtl. eine zuständige Person um Vermeidung von Störungen bitten).

☐ Anfangs- und Schlußzeiten genau einhalten (wirkt sich positiv auf die Teilnehmer aus).

☐ Versuchen Sie, Ihre Aussagen mit Optimismus und Begeisterung vorzutragen. Dort, wo es angebracht ist, sollten Sie lächeln. Denken Sie an das chinesische Sprichwort, das besagt: „Wer nicht zu lächeln versteht, braucht sein Geschäft erst gar nicht aufzumachen."

Gezielter Einsatz von Pausen und aktiven Lehrmethoden

Für den Referenten ist es außerdem wichtig zu wissen, daß die geistige Beanspruchung der Zuhörer zu Ermüdungserscheinungen führt, welche sich vor allem in Störungen der Aufmerksamkeit, des Denkens und dem Absinken der Motivation äußern und auch auswirken.

Außerdem wird vom Referenten oft großes Geschick beim Vortrag verlangt, wenn er müde und abgespannte Teilnehmer nach einem arbeitsreichen Tag noch mitreißen soll. Deshalb ist es wichtig für ihn zu wissen, wie sich Ermüdung auf die Leistungsfähigkeit des Zuhörers auswirkt und wie stark die Aufmerksamkeit und das Gedächtnis belastbar sind.

Aus physiologischen Gründen ist der Mensch nicht in der Lage, sich über eine längere Zeitspanne mit höchster Konzentration einer geistigen Betätigung zu widmen, sondern muß dazwischen Pausen einlegen oder das Betätigungsfeld wechseln.

Durch den gezielten Einsatz von Pausen kann einer Ermüdung während des Vortrages entgegengewirkt werden. Pausen sind nicht Zeitverlust, sondern richtig eingesetzt eine wirksame Hilfe gegen Ermüdung und Gedächtnishemmung.

Der Mensch ist auf Dauer nicht gleich belastbar, sondern Phasen höchster Leistungsfähigkeit wechseln mit Phasen der Erschöpfung und notwendiger Regeneration.

Auch die Motivation ist ständigen Schwankungen ausgesetzt und muß im Zustand der Ermüdung mit zusätzlicher Willenskraft neu aktiviert werden. Das Gedächtnis ist nur für eine relativ kurze Zeitspanne intensiv belastbar. Nach jedem Lernschritt ist eine ausreichende Pause erforderlich, um den neuen Stoff verarbeiten und längerfristig speichern zu können.

Da bei Vorträgen relativ viele Lernschritte stattfinden, sollte man den Unterricht nicht jeweils durch eine echte Pause unterbrechen, sondern kann Pausen in Form von einfachen Beispielen, die sich auf das gerade besprochene Thema beziehen, einlegen. Man kann auch kurzfristig das Unterrichtsniveau absenken und so für eine kurze Ruhepause sorgen. Der Unterricht sollte insgesamt so gestaltet werden, daß Phasen stärkerer und schwächerer Beanspruchung einander abwechseln!

Durch Einsatz unterschiedlicher Lehrmethoden (vor allem aktiver Methoden) kann einer Ermüdung – insbesondere bei Seminaren – verstärkt entgegengewirkt werden.

Gute Erfahrungen werden heute mit der Kartenabfrage, Rollenspielen, Fallmethoden und Planspielen gemacht. Sollte der Lehrstoff und die Unterrichtsform diese Techniken nicht oder nur bedingt zulassen, dann sollte der Referent, soweit dies möglich ist, unterschiedliche Hilfsmittel einsetzen. Auf diese wird in folgendem kurz eingegangen.

Was den Rednern an Tiefe fehlt,
ersetzen sie durch Weitschweifigkeit!

(Montesquieu)

Alles was sich aussprechen läßt,
läßt sich *klar* aussprechen!

(L. Wittgenstein)

3.5 Die gebräuchlichsten Hilfsmittel, ihre Vor- und Nachteile

Wandtafel

Das älteste und wohl mit am meisten benutzte Hilfsmittel. Aus Zeitgründen wird nur das Wesentlichste dargestellt. Eine Gefahr der optischen Überfütterung besteht nicht. Dieses Hilfsmittel erlaubt dynamische Vorgehensweisen, welche besonders stark von der Mitwirkung der Teilnehmer bestimmt sein können.

Vorteile:

- O Fast immer verfügbar.
- O Korrekturen rasch und leicht möglich.
- O Möglichkeit der farbigen Darstellung.
- O Geeignet für Entwicklungen mit variablem Lösungsweg.

Nachteile:

- O Unbrauchbar für Schemen, die während des ganzen Vortrages oder Lehrganges wiederholt benötigt werden.
- O Geraumer Zeitaufwand wird benötigt für Skizzieren und Löschen.
- O Ihre Wirkungsweise ist immer von der Fähigkeit des jeweiligen Dozenten abhängig.
- O Gefahr, zur Tafel zu sprechen.

Tageslichtprojektor

Der Tageslichtprojektor wird heute in Wirtschaft und Verwaltung stark eingesetzt. Er ersetzt in der Erwachsenenschulung mehr und mehr die Wandtafel.

Vorteile:

- O Folien sind schnell, leicht und preiswert herzustellen.
- O Einsatz und Handhabung sind nicht zeitaufwendig.
- O Folien sind duplizierbar (auch als Teilnehmerunterlage).
- O Unterrichtung mit Blick zu den Teilnehmern.
- O Gleichzeitige Benutzung einer Wandtafel, Flipcharts usw. ist möglich.
- O Ergänzung vorbereiteter Folien während des Vortrages mit Farbstiften ist möglich.
- O Überhaupt läßt sich mit dieser Methode von der Dramaturgie her viel erreichen.

Nachteile:

- ○ Geeignete Verhältnisse (Räume, Projektionsfläche, Steckdosen, Kabel) müssen vorhanden sein.
- ○ Text muß relativ groß geschrieben sein. Texte in Schreibmaschinenschrift sind üblicherweise unleserlich (siehe hierzu die Checkliste in Kapitel 3.7).

Flipcharts

Eignen sich sowohl für eine Darstellung starrer Abläufe, Strukturen und Folgen, die für eine längere Zeit präsent bleiben sollen, als auch für die Entwicklung dynamischer Prozesse. Sie können auch Konzeptersatz für den Redner sein. Vorwiegend sollen sie aber durch symbolische Darstellungen Grundgedanken verstärken.

Vorteile:

- ○ Möglichkeit des Entwickelns neuer Konzepte und Lösungsvorschläge während des Referates.
- ○ Vorbereitete Unterlagen können verwendet werden.
- ○ Bereits behandelte Themenkomplexe bleiben jederzeit verfügbar und lassen sich zu neuen Themen ausbauen.
- ○ Relativ geringer Platzbedarf.

Nachteile:

- ○ Das relativ kleine Format ist für Großveranstaltungen nur bedingt geeignet.
- ○ Wird gerne zum Mittelpunkt des Vortrages gemacht.
- ○ Vieles wird zu früh sichtbar.
- ○ Gefahr des sturen Ablesens.
- ○ Kurze Lebensdauer.
- ○ Lagerungsproblem.

Hafttafel/Magnetfeld

Ein gutes methodisches Hilfsmittel, das sich besonders für die Darstellung logischer Abläufe und Folgen eignet. Abbildungen können durch Verschieben, Umgruppierungen, Hinzufügen und Wegnehmen modifiziert werden. Dynamische Vorgehensweisen sind möglich.

Vorteile:

- ○ Übersichtliche und farbige Darstellung möglich.
- ○ Geeignet für Entwicklungen mit vorgegebenem Lösungsweg.

Nachteile:

- ○ Kostenaufwendig.
- ○ Zeitaufwand zum Erstellen und Verwalten der Unterlagen.
- ○ Relativ kurze Lebensdauer.
- ○ Meist großer Platzbedarf.

Dias

Dias sind ein geeignetes Hilfsmittel, sofern nicht ein ganzer Vortrag auf Dias aufgebaut wird, da er die Gefahr birgt, daß der Redner den Kontakt zum Publikum verliert und etwas im Hintergrund verschwindet.

Vorteile:

- ○ Naturgetreue Aufnahmen möglich.
- ○ Anpassungsfähige, variable Reihenfolge.
- ○ Leichte Handhabung.

Nachteile:

- ○ Geeignete Raumverhältnisse erforderlich (Diaprojektor, Projektionsleinwand usw.).
- ○ Den Ermüdungserscheinungen der Teilnehmer wird nicht entgegengewirkt (besonders durch die notwendige Verdunkelung).

Filme

Mit Filmmaterial zu arbeiten ist höchst effektvoll, birgt jedoch dieselbe Gefahr wie Dias.

Vorteile:

- ○ Lebensgetreue Darstellung.
- ○ Zeitlupen- und Zeitraffereffekt.
- ○ Umfassende Eindrücke und Einblicke in Geschehnisse.
- ○ Abstimmung von Bild und Ton.

Nachteile:

- ○ Geeignete Raumverhältnisse (Filmprojektor, Projektionsleinwand usw.) erforderlich.
- ○ Verfügbarkeit der Ausrüstung und Filmmaterial.
- ○ Ermüdungserscheinungen der Teilnehmer durch Raumverdunkelung.
- ○ Erstellung verursacht hohe Kosten.
- ○ Relativ großer Zeitaufwand erforderlich.

Modelle

Bestes natürliches Anschauungsmaterial, das den Vortrag positiv belebt.

Vorteile:

- O Anschauliche Darstellung eines technischen Ablaufes.
- O Gutes Erfassen der Teilnehmer.

Nachteile:

- O Erklärung nur in sehr kleinen Gruppen möglich.
- O Da im allgemeinen nur relativ kleine Gruppen geschult werden kön-
  nen, ist ein größerer Zeitaufwand notwendig.
- O Probleme der Lagerung und des Transports.

Modelle sind bestes Anschauungsmaterial

3.6 Gezielte Verwendung visueller Hilfsmittel

„Ein Bild ist mehr als tausend Worte." (Chinesisches Sprichwort)

„Die absolute Grundlage aller Erkenntnis ist die Anschauung." (Pestalozzi)

„Begriffe ohne Anschauung sind leer." (Kant)

Visuelle Darstellung schafft Klarheit und Ordnung in einem Referat, wobei von dem Grundsatz ausgegangen werden sollte: „Weniger ist mehr"!

Der Einsatz visueller Hilfsmittel soll die Ausführung zum Beispiel eines Vortrages oder einer Präsentation unterstützen und erleichtern sowie den angestrebten Lernerfolg bei den Teilnehmern sichern.

Deshalb müssen Hilfsmittel

- O bereits bei der Entwicklung des Themas mit eingeplant,
- O an der richtigen Stelle des Referates integriert und
- O auf ihre Wirksamkeit, Zweckmäßigkeit und Aktualität hin überprüft werden.

Hinsichtlich des sinnvollen Einsatzes von Hilfsmitteln sollten u. a. folgende Punkte beachtet werden:

☐ Aus den vielen Möglichkeiten, visuelle Hilfsmittel einzusetzen, gilt es, die für den jeweiligen Zweck geeignetsten Hilfsmittel herauszufinden.

☐ Hilfsmittel, die selbst nicht eindeutig verstanden werden oder bei den Teilnehmern auf wenig Resonanz stoßen, sollten entfernt und nicht mehr verwendet werden.

☐ Die Verwendung von visuellen Hilfsmitteln soll nicht nur einen leichteren, sondern vor allem einen wirkungsvolleren Vortrag gewährleisten.

☐ Das Bild muß für alle Teilnehmer gut sichtbar sein.

☐ Achten Sie darauf, daß Sie nicht im Bild stehen (besonders beim Einsatz von Folien).

☐ Werden Hilfsmittel nicht zweckmäßig eingesetzt oder an der falschen Stelle integriert, verlieren sie an Wirkung.

Es kann festgehalten werden, daß mit einer systematischen Verwendung visueller Hilfsmittel im wesentlichen folgende Ziele erreicht werden können:

☐ Abwechslung während eines Referates.

☐ Auflockerung einer Rede.

☐ Vereinfachte Darstellung und Konkretisierung von Problemen.

☐ Vergrößerung kleiner Gegenstände/Verkleinerung großer Gegenstände.

☐ Absicherung des dargebotenen Stoffes durch zusammenfassende Darstellungen.

☐ Untermauerung der genannten Thesen.

☐ Erleichterung der Aufnahme und Erhöhung der Haftwirkung beim Teilnehmer.

Im folgenden wird der Versuch einer groben Zuordnung von Vermittlungszweck und möglichen Vermittlungstechniken gemacht. Unterteilt man zum Beispiel die Wissensvermittlung nach dem Lernstoff in

☐ dynamisches Faktenwissen, zum Beispiel Erkennen von Zusammenhängen in der Betriebswirtschaftslehre,

☐ statisches Faktenwissen, zum Beispiel Lernen von Begriffen,

☐ konkrete praktische Verfahren, zum Beispiel Herstellung einer Ware,

☐ abstrakte Prozesse und Verfahren, zum Beispiel Erstellung eines EDV-Programms,

☐ generelle Informationen, zum Beispiel Einstellung der Mitarbeiter zu Kunden,

dann könnte folgende Zuordnung von Vermittlungstechniken in Frage kommen:

vermitteln \ Vermittl. Techn.	Rede	Wand-tafel	Tages-licht-pro-jektor	Haft-tafel	Flip-chart	Dias	Film	Modell
dynamisches Faktenwissen	X	X	X	X		X		
statisches Faktenwissen	X	X	X	X	X			
konkrete praktische Verfahren	X		X				X	X
abstrake Prozesse und Verfahren	X		X			X		X
generelle Information	X		X	X		X	X	

3.7 Checklisten zur Vermittlungstechnik

Checkliste: Verbesserung eines Vortrages			
	ja	teilw.	nein
Sammeln Sie Material zum jeweiligen Thema?			
Halten Sie Ihre Gedanken in Stichworten fest?			
Wird gesammeltes Material sortiert und daraus eine Gliederung sowie Unterlagen für Teilnehmer erstellt?			
Verwenden Sie das gesammelte Material als Grundkonzept für das Referat?			
Ist das Thema attraktiv formuliert?			
Werden Hilfsmittel ○ bereits bei der Entwicklung des Themas mit eingeplant ○ an der richtigen Stelle des Referates integriert und ○ auf ihre Wirksamkeit, Zweckmäßigkeit und Aktualität hin überprüft?			
Beschaffen Sie sich eine Liste der Teilnehmer?			
Stellen Sie Vorkenntnisse und Berufserfahrung sowie Position der Teilnehmer fest?			
Wird der Referatsinhalt auf das Niveau der Teilnehmer abgestimmt?			
Wird die Anzahl der Teilnehmer und das bereitzustellende Material bzw. die Unterlagen koordiniert?			
Inspizieren Sie die räumlichen Gegebenheiten vor dem Vortrag auf Kriterien wie: ○ Raumgröße (ist er für die Anzahl der Teilnehmer geeignet?) ○ Sitzordnung (eventuell umstellen lassen)			

	ja	teilw.	nein
○ Akustik (Mikrofon, Lautsprecher) ○ Beleuchtung (ausreichend oder zu grell) ○ Elektrische Anschlüsse (Steckdosen, Verlängerungskabel) ○ Verdunkelungsmöglichkeit (dichte Vorhänge, Schalousetten usw.) ○ Rednerpult (eventuell erhöht) ○ Methodische Hilfsmittel (Hafttafel, Wandtafel, Modelle usw.) ○ Visuelle Hilfsmittel (Diaprojektor, Folienprojektor, Videorekorder usw.)			
Berücksichtigen Sie bei Ihrem Vortrag den Zeitpunkt, an dem Sie sprechen?			
Hören Sie sich die Ausführungen der (des) Vorredner(s) an, um eventuell gedanklich daran anknüpfen und dadurch besseren Anschluß finden zu können?			
Falls Ihr Referat länger als 60 Minuten ist, legen Sie eine kurze Pause ein, um den Zuhörern Erholungspausen und eine geistige Sammlung zu ermöglichen?			
Sorgen Sie für eine korrekte persönliche Erscheinung?			
Haben Sie das notwendige Selbstvertrauen?			
Halten Sie Ordnung in den für das Referat benötigten Unterlagen, Schreibgeräten, methodischen und visuellen Hilfsmitteln usw.?			
Haben Sie mit den Zuhörern Augenkontakt hergestellt?			
Ist Ihre Sprechtechnik zufriedenstellend?			
Wird durch Wechsel des Sprechtempos, der Lautstärke und der Stimmfärbung ein dynamisches Reden erreicht?			

	ja	teilw.	nein
Verwenden Sie Fremdwörter und spezielle Fachausdrücke nur dann, wenn diese allgemein verständlich sind und auch alle Teilnehmer sich darunter etwas vorstellen können?			
Vermeiden Sie lange Schachtelsätze?			
Setzen Sie Gesten bewußt und gekonnt zur Wirkungssteigerung ein?			
Beachten Sie, daß Gesten natürlich und nicht gekünstelt oder nachgeahmt wirken sollen?			
Stehen die Gesten im Einklang mit der Aussage?			
Schaffen Sie Voraussetzungen für eine erhöhte Aufnahmebereitschaft der Zuhörer?			
Versuchen Sie in Form von rhetorischen Fragen die Teilnehmer mit dem Thema zu identifizieren, um das Zuhören und eine Mitarbeit lohnenswert für Sie erscheinen zu lassen?			
Bringen Sie Probleme, Vergleiche, Beispiele usw. aus der Vorstellungswelt und der Praxis der Teilnehmer?			
Fördern Sie ein aktives Mitwirken der Teilnehmer durch O Darstellen der Probleme, um beim Teilnehmer ein Bedürfnis nach einer Problemlösung zu wecken? O gemeinsam entwickelte Lösungswege? O Animieren zu weiteren Beispielen oder eventuell zusätzlichen Fragen der Teilnehmer?			
Sprechen Sie mit Ihrem Thema Motive, Wünsche usw. der Zuhörer an?			
Verwenden Sie positive Formulierungen?			
Ist das Thema strukturiert und wird es in Abschnitten vorgetragen, um die Möglichkeit einer ermüdenden „Dauerberieselung" auszuschalten?			

	ja	teilw.	nein
Werden Ergebnisse, Schlußfolgerungen und Erkenntnisse des Referates nicht vorweggenommen, sondern im Laufe der Rede entwickelt und in dosierter Weise dem Publikum weitergegeben, um eine gewisse Spannung beizubehalten?			
Werden die wichtigsten Tatsachen und Kernideen am Ende eines jeden Abschnittes wiederholt, um dem Zuhörer das Wesentliche nahezulegen und wichtige Tatsachen und Ergebnisse einzuprägen zu helfen?			
Wird das Wesentliche in der Zusammenfassung herausgestellt?			
Teilen Sie Unterlagen für die Teilnehmer nur dann im voraus aus, wenn sie während des Referates als Arbeitsmaterial benötigt werden?			
Sind die Teilnehmerunterlagen zweckmäßig und ansprechend aufgemacht?			
Ermöglichen die Teilnehmerunterlagen die Nacharbeit?			
Animieren Sie die Teilnehmer zum Notieren der für Sie besonders wichtig erscheinenden Punkte?			
Wird die sonstige Literatur vor Veranstaltungsbeginn auf den Platz der Teilnehmer gelegt?			
Vermitteln Sie Sinn und Ziel des Referates den Teilnehmern?			
Werden Störungen von außen abgeschaltet, da sie den Teilnehmer ablenken?			
Werden Anfangs- und Schlußzeiten genau eingehalten?			

Checkliste: Richtige Handhabung visueller Hilfsmittel

	ja	teilw.	nein
Setzen Sie das für den jeweiligen Zweck geeignetste Hilfsmittel ein?			
Werden Geräte und Hilfsmittel einige Zeit vor dem Vortrag auf ○ Vollständigkeit ○ Übersichtlichkeit ○ Funktionsfähigkeit ○ Bildschärfe und ○ gute Sichtbarkeit von jedem Teilnehmerplatz aus kontrolliert?			
Sind Sie sich bewußt, daß Pannen mit technischen Hilfsmitteln vom Teilnehmer leicht bemerkt werden und den Vortrag beeinträchtigen?			
Sprechen Sie bei Verwendung von Hilfsmitteln nicht diese, sondern die Teilnehmer an?			
Wird dem Teilnehmer genügend Zeit zum Erfassen des Bildes gelassen?			
Werden die Zuhörer nicht mit zuviel Bildmaterial überladen, da dies die Orientierung der Teilnehmer erschwert?			
Beachten Sie, daß Sie entweder schreiben/zeichnen oder sprechen – möglichst aber nicht beides zugleich machen?			
Achten Sie darauf, daß Sie beim Einsatz von Folien nicht im Bild stehen und dadurch den Teilnehmern die Sicht verdecken?			
Werden nach Benutzen der Wandtafel Kreiderückstände gut gelöscht, um Schmierstreifen zu vermeiden?			
Achten Sie beim Benutzen der Hafttafel bereits vorher auf eine sinnvolle Platzeinteilung?			

	ja	teilw.	nein
Schalten Sie technische Geräte ab, wenn sie gerade nicht benötigt werden, da die Teilnehmer dadurch nur unnötig abgelenkt werden?			
Vermeiden Sie bei gleichzeitiger Verwendung mehrerer Hilfsmittel ein hektisches Rennen zwischen diesen?			
Wird der Flipchart durch ein leeres Blatt verdeckt gelassen, wenn er zwischenzeitlich nicht benötigt wird (um die Teilnehmer nicht abzulenken)?			
Achten Sie darauf, daß die vorgegebenen Informationen nicht von Ihnen vorgelesen, sondern von den Teilnehmern gelesen werden?			
Interpretieren Sie die Informationen nach dem Lesen der Teilnehmer?			

Bei Einsatz von Folien
nicht im Bild stehen!

Checkliste: Sinnvolle Gestaltung von Folien

	ja	teilw.	nein
Wird für den Entwurf von Folien ein Raster benutzt?			
Sind die einzelnen Teilflächen (zum Beispiel fortlaufende Folienblatt-Numerierung, Themen-titel, Themeninhalt) einheitlich aufgebaut?			
Wird auch zum Beschriften von Folien ein Raster mit unterschiedlichen Schriftgrößen und Zeilenmengen erstellt?			
Werden nur übersichtliche, möglichst selbst-redende Strukturen entworfen?			
Beschränken sich die Texte nur auf das Wesentlichste?			
Sind die Aussagen prägnant?			
Werden lange Textpassagen vermieden?			
Werden die Folien in ausreichend großer Schriftgröße exakt und sauber beschriftet?			
Achten Sie darauf, daß möglichst wenig ver-schiedene Schriftgrade auf einer Folie verwandt werden?			
Werden unterschiedliche Farben zielgerecht und sinnvoll eingesetzt und besonders zum Hervorheben von Schwerpunkten verwendet?			
Werden nicht mehr als maximal drei ver-schiedene Farben auf einmal benutzt?			
Verwenden Sie stets Original-Folienstifte, da sie ein rasches, wischfestes Antrocknen der Minenflüssigkeit garantieren?			
Wählen Sie wischfeste Filzschreiber, da wasser-lösliche Filzschreiber leicht schmieren?			
Ist Ihnen bekannt, daß die Korrektur einer wischfesten Schrift mit Spiritus, Spezialradierern oder Spezial-Reinigungstüchern möglich ist?			

	ja	teilw.	nein
Werden die Folien getrennt nach Sachgebieten fortlaufend numeriert, um ein unnötiges Suchen und peinliche Verwechslungen während des Vortrages zu vermeiden?			
Achten Sie darauf, daß die Schriftgröße den nachstehenden Werten entspricht?			
Ist Ihnen bekannt, daß es heute relativ preiswerte Geräte zur Vergrößerung von Schrift und Bild gibt, um damit adäquate Folien zu erstellen?			
Haben Sie sich eine Sammlung von humorvollen Darstellungen angelegt, aus der Sie bei passender Gelegenheit das geeignete Motiv heranziehen können?			

Teilnehmer-Abstand von der Leinwand	Schriftgröße der Folie
bis 10 m	5 mm
bis 15 m	10 mm
bis 20 m	15 mm
bis 25 m	20 mm

Sammlung von humorvollen Darstellungen für jede passende Gelegenheit!

3.8   Neuzeitliche Vermittlungstechniken

☐ *Superlearning*

Diese Methode der Lehrstoffvermittlung basiert auf Erkenntnissen des bulgarischen Neurologen, Psychiaters und Hypnoseforschers Prof. Georgi Lozanov. Die Methode Superlearning ist eine Kombination aus Suggestion und Pädagogik (Suggestopädie) und berücksichtigt die Funktionsweise des Gehirns. Diese Art der Wissensvermittlung spricht die linke und die rechte Gehirnhälfte gleichzeitig an, d. h. daß sowohl logisches Denkvermögen als auch kreative Fähigkeiten angesprochen werden.

Bei seinen Untersuchungen an Personen mit einem scheinbar unerschöpflichen Gedächtnis beobachtete Lozanov im Augenblick ihrer geistigen Höchstleistung völlige körperliche und geistige Entspannung. Auf der Basis seiner psycho-akustischen Forschungen erkannte er, daß eine besondere Musik den Körper völlig entspannt, den Geist jedoch wach und die Konzentrationsfähigkeit unbeeinflußt läßt – eine Voraussetzung für maximalen Lernerfolg.

Die wissenschaftliche Bezeichnung für ‚Superlearning‘ ist Suggestopädie, welche die Erkenntnisse der neueren Gehirnforschung und der Lernpsychologie mit den mnemotechnischen Praktiken der alten Griechen verbindet. Die beiden Amerikanerinnen Ostrander und Schroeder haben diese neuartige Methode durch ihr 1972 erschienenes Buch „Superlearning" bekannt gemacht – aber durch ihre neue Bezeichnung dieser Lernmethode ist eine zu hohe Erwartungshaltung an überdurchschnittliche Leistungen und sensationelle Lernerfolge entstanden.

Lozanov geht davon aus, daß jeder Mensch lediglich 4 – 10% seiner geistigen Möglichkeiten nutzt und den Rest der Gehirnkapazität brach liegen läßt; dieses Potential zu aktivieren, war deshalb sein Bestreben. Seine Untersuchungen basieren auf der Tatsache, daß die Aufnahme- und Speicherfähigkeit von Wissen bei absoluter physischer und psychischer Entspannung um ein Vielfaches höher ist, als bei Anspannung oder Streß.

Im suggestopädischen Unterricht werden möglichst viele Sinne wie Hören, Sehen, Riechen, Schmecken und Tasten aktiviert. In Verbindung mit geistiger und körperlicher Entspannung können Geist und Körper harmonisch zusammenwirken, d. h. durch koordinierten Einsatz von Geist und Körper wird ein optimales Lernen ermöglicht. Auf diese Weise soll auch ein streßfreies Lernen garantiert, die Lerngeschwindigkeit erhöht und die Vergessensquote verkleinert werden.

Um diese Harmonisierungen zu erlangen, müssen *beide* Gehirnhälften benutzt werden. Beim traditionellen verbal-abstrakten Lernen wird nur die *linke* Hälfte genutzt – die Speicherungsmöglichkeit der rechten Hemisphäre wird nicht beansprucht und steht dann auch als Erinnerungshilfe nicht zur Verfügung. Das Superlearning baut deshalb auf der *beidseitigen* Nutzung des Gehirns und der damit verbundenen mehrfachen Verarbeitung der gleichen Information auf, was sowohl die Speicherung als auch das Abrufen des gelernten Stoffes wesentlich erleichtert. Suggestion bedeutet die Beeinflussung der Denk-, Willens- und Gefühlsabläufe eines Menschen durch sich selbst oder durch andere.

Weitere Untersuchungen brachten Lozanov zu der Erkenntnis, daß der Lernende durch das Einspielen von einer bestimmten Musik (vorwiegend Barockmusik) während des Lernvorgangs in einen Alphazustand versetzt wird, der die Aufnahme von Lernstoffen erleichtert. Das menschliche Gehirn sendet in diesem Zustand Wellen mit verminderter Frequenz aus – parallele körperliche Reaktionen sind eine Verminderung der Herzfrequenz und dadurch bedingt eine Verlangsamung des Pulses und der Atmung sowie die Senkung des Blutdrucks. Die Aufgabe, das Gehirn und den Körper in diesen Zustand zu versetzen, fällt in der Suggestopädie der Musik zu. Die vorwiegend klassische Musik sollte einen getragenen und beruhigenden Rhythmus haben, durch den Atmung und Pulsfrequenz verlangsamt werden. Aus diesen Erkenntnissen entwickelte Lozanov ein Konzept, bei dem der Lernstoff in kleinen Lerneinheiten von 8 Sekunden vermittelt wird. Diese 8 Sekunden setzen sich aus einer Lernphase von 4 Sekunden und einer Pause von ebenfalls 4 Sekunden zusammen. Während der Lernphase sollte der Zuhörer die Luft anhalten – während der Pause jedoch 2 Sekunden lang einatmen und 2 Sekunden wieder ausatmen. Dadurch, daß der Rhythmus des Atmens mit dem der Musik (Viervierteltakt) völlig übereinstimmt, empfindet der Lernende eine vollständige Harmonie in sich, was sich positiv auf den Lernerfolg auswirkt.

Nachdem der Lernwillige durch den Lehrer (oder die Kassette) mit einer Entspannungsmethode in den Alpha-Zustand versetzt wurde, wird der Stoff vom Suggestopäden (Lehrer) vorgetragen oder von einer Kassette abgespielt. Die Präsentation muß in drei unterschiedlichen Arten der Intonation erfolgen:

○ normale deklarative Präsentation,
○ leise flüsternder, sanft einschmeichelnder Tonfall,
○ laut kommandierender Befehlston.

Während im ersten Teil der Lernphase der Teilnehmer den zu lernenden Stoff still mitliest, wird im zweiten Teil dieselbe Information mit Musik als Entspannungshilfe vorgetragen; der Lernende hört dann dem Vortrag jedoch nur konzentriert zu. In der anschließenden Aktivierungsphase wird das neue Wissen unmittelbar nach dem Lernen (z. B. durch Rollenspiele) praktisch angewandt, um es auf diese Weise wirksamer im Langzeitgedächtnis zu speichern. Dieser Lernphase fallen etwa 70% der Lernzeit zu.

Zusammenfassend basiert „Superlearning" auf folgenden Voraussetzungen:

☐ Suggestopädisches Lernen erfolgt in einem Zustand tiefer geistiger und körperlicher Ruhe und Entspannung.

Das Superlearning

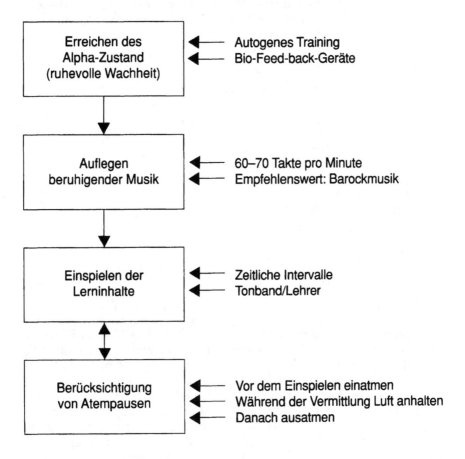

☐ Durch koordinierten Einsatz von Körper und Geist werden beim Lernen Höchstleistungen ermöglicht.

☐ Der Einsatz von beiden Gehirnhälften gleichzeitig gewährleistet durch Mehrfachverarbeitung der gleichen Informationen einen besseren Behaltenseffekt, da das Gefühl und bestimmte Assoziationen gleichzeitig (mit der rechten Hirnhälfte) mit gespeichert werden.

☐ Da der Lerninhalt so präsentiert wird, daß möglichst viele Sinne angesprochen werden, entsteht ein positives Zusammenspiel beider Gehirnhemisphären (die Präsentation des Lernstoffes durch Bilder, Musik und Assoziationen mit vorhandenem Wissen spricht die rechte und durch Texte und Formeln die linke Hälfte des Gehirns an).

☐ Das Lernprogramm besteht aus folgenden Schritten:

  ○ aktives Teilnehmen durch Mitlesen des Textes,

  ○ passives Zuhören und Entspannen unter Musikbegleitung,

  ○ Aktivierungs- oder Festigungsphase, in welcher der im Unterbewußtsein gespeicherte Lernstoff verarbeitet und durch praktische Übungen und Anwendungen vertieft wird.

☐ Eine Vielfalt der eingesetzten Methoden und Medien soll die unter-schiedlichsten Lerntypen ansprechen.

☐ Das Einsetzen von Entspannungstechniken soll Ängste abbauen, Denkblockaden und Lernstreß verhindern und positive Gefühle auslösen.

Suggestopädie

☐ Verstärkter Einsatz der rechten Gehirnhälfte

☐ 3 Phasen:

   1. Kognitive Phase
   ○ Lehrstoff ganzheitlich darstellen
   ○ Ziele erarbeiten

   2. Rezeptive Phase
   ○ Linke Gehirnhälfte ausschalten
   ○ Aufnehmen mit Musikuntermalung

   3. Aktive Phase
   ○ Einsatz aktiver Lehrmethoden (z. B. Rollenspiele)
   ○ Festigen des Wissens

Um Suggestopädie anzuwenden, empfiehlt sich der Besuch eines der zahl-reich angebotenen Seminare (wie z. B. das COLLEGIUM GERMANI-CUM in Bochum). Im Eigenstudium kann Superlearning auch mit Hilfe von bespielten und besprochenen Kassetten angewandt werden, wobei je-doch die notwendige 3. Phase (Aktivierungsphase) zu kurz kommt. Es ist auch kein großes Problem, eigene Kassetten selbst zu besprechen. Voraus-setzung dafür ist es, die richtige Musik zu wählen und die 8 Sekunden-Ein-heiten einzuhalten. Geeignete Musikstücke findet man in der entspre-chenden Literatur. In der 4 Sekunden langen Lernphase kann man etwa 10 Vokabeln auf das Band sprechen, dann muß eine Pause von ebenfalls 4 Se-kunden folgen.

Superlearning stellt die konsequente Umsetzung der Erkenntnisse neue-rer Gehirnforschung und der Errungenschaften aus der Lernpsychologie in einem neuen Lernkonzept dar. Aber nicht so sehr der Einzelunterricht (z. B. zuhause) bringt den Erfolg, sondern erst der kommunikative Effekt einer größeren Gruppe in der Aktivierungsphase ist effektiv. Als besonde-ren Vorteil gegenüber der konventionellen Lernmethode ist anzuführen, daß der Lernende bei Superlearning nicht nur ohne Anstrengung, Lei-stungsdruck, Streß und Angstgefühlen arbeitet, sondern daß er sogar Spaß am Lernen findet.

☐ *Beyer-Methode*

Sie basiert ebenfalls auf den Erkenntnissen von Professor Lozanov, wird aber durch die Anwendung der visuellen Assoziationsmethode noch un-terstützt. Dabei versetzt der Kursleiter die Seminar-Teilnehmer wieder in den Alpha-Zustand (ein Zustand völliger Entspannung mit etwa sieben bis dreizehn Schwingungen der Gehirnwellen pro Sekunde), während sich die Zuhörer zu jeder Lerneinheit ein vollständiges, gedankliches Bild machen. Ein späteres Abrufen des vermittelten Stoffes wird durch diese visuelle Assoziation erleichtert. Beim Lernenden soll dadurch die Konzentration, die Gedächtnisleistung, die Kreativität und die Lerngeschwindigkeit wesentlich erhöht werden.

Neuzeitliche Vermittlungstechniken

4. Effizienter lernen

4.1 Rationeller lernen ist lernbar

Die Probleme des Lernens wurden in den letzten Jahren immer häufiger Gegenstand wissenschaftlicher Untersuchungen (vgl. hierzu insbesondere Löwe und Vester). Die wachsende Bedeutung des rationellen Lernens ergibt sich aus der Notwendigkeit, einer ständigen Weiterbildung, die erforderlich ist, um im Berufsleben ein hohes Leistungsniveau sowie eine optimale Berufsentwicklung zu erreichen.

Rationelles Lernen stellt beim Erwachsenen eine vordringliche Aufgabe dar, ohne deren Erfüllung nicht die erforderlichen positiven Ergebnisse in der beruflichen Tätigkeit erzielt werden können.

Die Erkenntnis, daß rationeller Lernen lernbar ist, soll in den folgenden Ausführungen noch näher belegt werden. Da Lernen jedoch ein sehr komplexer Vorgang ist, ist es notwendig, den Lernprozeß in Teileinheiten aufzulösen, um die Gesetzmäßigkeiten des sinnvollen Lernens zu erkennen und ein planvolles Lernen zu ermöglichen. Wenn man die Gesetzmäßigkeiten kennt, dann kann man mit ihrer Hilfe die Lernvorgänge gezielt steuern.

In den meisten Begriffsbestimmungen des Lernens kommt zum Ausdruck, daß Lernen eine kognitive, also erkenntnismäßige und eine praktische, also handlungsbezogene Seite hat. Die Zielsetzungen sind zum einen die Aneignung von Wissen und Kenntnissen und zum anderen die Ausbildung von Fertigkeiten.

Die in den folgenden Abschnitten wiedergegebenen empirischen Untersuchungsergebnisse einschließlich der Abbildungen sind im wesentlichen entnommen dem eindrucksvollen Buch von Hans Löwe über die Lernpsychologie des Erwachsenenalters. Er hat in diesem Werk umfangreiches Forschungsmaterial zusammengetragen und ausgewertet.

Daneben werden die wichtigsten Erkenntnisse der neueren Gehirnforschung und der Lernpsychologie aufgezeigt, die durch den gleichzeitigen Einsatz der beiden Gehirnhemisphären überdurchschnittliche Leistungen und Lernerfolge ermöglichen. Dies ist um so notwendiger, als man erkannt hat, daß durch klassisches Lehr- und Lernverhalten noch immer das Verbale, d. h. das Wort und damit nur ganz bestimmte Gehirnbereiche und Symbolassoziationen bevorzugt werden, die ganze Gehirnkapazitäten brach liegen lassen, die effizient am Lernprozeß beteiligt werden könnten. Neben mnemotechnischen Praktiken, die durch assoziative Arbeitsweise den Behaltenseffekt erhöhen, werden die vergrößerte Erinnerungsfähigkeit durch Schlüsselkonzepte (Mind Map) in Form von ganzen Erinnerungspaketen dargelegt und dem Leser weitere Lernmethoden und Lesetechniken zum effizienten Lernen beschrieben.

4.2 Aufbau und Funktionsweise des Gehirns

Erkenne dich selbst! (Sokrates)

Einer der Hauptgründe für Lernschwierigkeiten liegt darin, daß der Mensch die wichtigsten Vorgänge, die sich hinsichtlich des Lernprozesses im Gehirn abspielen, nicht beherrscht oder beachtet. Aus diesem Wissen heraus ergeben sich jedoch zahlreiche Faktoren, welche die Lerneffizienz beeinflussen und steigern können.

4.2.1 Unterschiedliche Aufgaben und Informationsverarbeitung der beiden Gehirnhälften

Das Gehirn besteht aus einer rechten und einer linken Gehirnhälfte und einem komplexen Netzwerk von Nervenfasern, das diese beiden Gehirnhemisphären miteinander verbindet. Es sammelt Sinneseindrücke und Informationen, verwertet und speichert sie und ermöglicht es, diese bei Bedarf wieder abzurufen. Das menschliche Gehirn besitzt eine enorme Speicherkapazität, von der wir höchstens 10% in Anspruch nehmen. Dieser gigantische Wissensspeicher muß jedoch effizient eingesetzt und trainiert werden, um unsere Leistungsfähigkeit auf vielen Bereichen zu steigern.

Jede Gehirnhälfte ist auf bestimmte Aufgaben spezialisiert, sie kontrolliert die ihr jeweils gegenüberliegende Körperseite; außerdem werden jeder Hemisphäre unterschiedliche geistige Aktivitäten zugeordnet.

Die *linke* Hälfte verarbeitet Sinneseindrücke logisch-analytisch, denkt rational, linear, folgerichtig und konservativ. Sie ist bei den meisten Menschen Sitz des Sprachzentrums, denkt verbal, in Symbolen und Zahlen und zieht Schlußfolgerungen. Hier werden Details verarbeitet und die Informationen aus dem rechten Sehfeld unserer beiden Augen gespeichert. Im eher verhaltensorientierten Teil der linken Hemisphäre handeln wir kontrolliert, geplant und sequentiell.

Die *rechte* Gehirnhälfte verarbeitet Informationen intuitiv-emotional, sie ist ‚sprachlos‘, denkt in Bildern, Formen, Mustern und Konzepten, ist sprunghaft und künstlerisch-kreativ. Sie kann mit ihrer ganzheitlichen Betrachtungsweise eher mit Komplexität umgehen, ohne sich dabei in Details zu verlieren. Im eher verhaltensorientierten Teil der rechten Hälfte empfinden wir Musik, können uns auf andere Menschen einstellen, uns ihnen mitteilen und mit unseren Gefühlen umgehen.

Demzufolge ist in dieser Arbeitsteilung die linke Seite für die Theorie und die rechte Seite für die Praxis zuständig. Links werden die Eindrücke unter rationalen Gesichtspunkten zergliedert und nach den Regeln der Logik systematisiert, während die rechte Seite ganzheitlich aus der Erfahrung heraus denkt und kreativ und phantasievoll arbeitet. Hier erinnern wir uns an Gesichter, auf der linken Seite an Namen.

Rechte und linke Gehirnhälfte

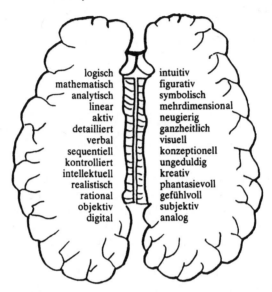

logisch	intuitiv
mathematisch	figurativ
analytisch	symbolisch
linear	mehrdimensional
aktiv	neugierig
detailliert	ganzheitlich
verbal	visuell
sequentiell	konzeptionell
kontrolliert	ungeduldig
intellektuell	kreativ
realistisch	phantasievoll
rational	gefühlvoll
objektiv	subjektiv
digital	analog

Unterschiedliche Arbeitsweisen der beiden Gehirn-Hemisphären

Die *linke* Gehirn-Hemisphäre
○ ist für die Theorie zuständig
○ ist Sitz des Sprachzentrums
○ analysiert
○ verarbeitet Details
○ denkt rational
○ ist Sitz der Intelligenz

Die *rechte* Gehirn-Hemisphäre
○ ist für die Praxis zuständig
○ denkt in Bildern
○ betrachtet ganzheitlich
○ denkt komplex
○ ist dem Gefühl unterworfen
○ ist Sitz der Kreativität

Da die beiden Gehirnhälften mit einem Bündel von Nervenfasern verbunden sind (Corpus Callosum), haben sie die Fähigkeit, die unterschiedlichen Eindrücke und Erfahrungen miteinander zu verbinden, auszutauschen und ein Gesamtbild herzustellen.

Beim verbal-abstrakten Lernen nach traditionellen Methoden wird vorwiegend die linke Hälfte benutzt, während die Speicherkapazität der rechten Hälfte vernachlässigt wird, was oft zu Lernblockaden – verursacht durch mangelhaftes Zusammenspiel beider Gehirnhälften – führt.

Für effiziente Lernprozesse ist es aber von größter Bedeutung, die Funktionen *beider* Hälften zu harmonisieren, d. h. von einer einseitigen Bevorzugung links- oder rechtshemisphärischer Funktionen wegzukommen, da Bewußtseinserweiterungen auf das Zusammenspiel von linker *und* rechter Hemisphäre angewiesen sind. Gelingt dies, kann man von einem ganzheitlichen Lernen sprechen.

Die ‚logische‘ linke und die ‚kreative‘ rechte Seite müssen gleichzeitig aktiviert werden, um eine größtmögliche Lerneffizienz zu erreichen. Das bedeutet, daß man beim Lernen alle Sinne einsetzt, mit ‚geistigen Bildern‘ und Vorstellungen arbeitet, um so das Gelernte anhand von Assoziationen im Gehirn zu speichern.

4.2.2 Anlegen von Denkmustern und Schlüsselkonzepten (Mind Map)

Soll dem menschlichen Gehirn ein Lerninhalt oder eine Information besonders effizient zugeführt werden, so muß sie so aufbereitet werden, daß ihr Weg in die verschiedenen Gehirnstrukturen so leicht wie möglich vonstatten gehen kann. Hier empfiehlt es sich, das Gehirn mit Schlüsselkonzepten zu „füttern“, um neuen Informationen zu diesen unterschiedlichen Themenkreisen durch einen „Aufhänger“ leichteren Zugang zu ermöglichen, da bereits eine Beziehung zu ihnen hergestellt wurde. Dies kann an einem anschaulichen Beispiel recht gut verdeutlicht werden:

In einer Drogerie riechen wir den Duft eines uns gut bekannten Sonnenschutzmittels. Sofort aktiviert diese Wahrnehmung eines Geruches in uns ein ganzes Erinnerungspaket aus dem vergangenen Urlaub mit den dazugehörenden Ereignissen, Menschen, Gefühlen usw.

Die Verbindung von Tätigkeiten (z. B. auch Lernen) mit Gefühlen und möglichst vielen Sinneseindrücken (aus der rechten Gehirnhälfte) bewirkt also ein späteres starkes Erinnerungsvermögen und ruft im Bedarfsfalle ganze Themenkomplexe (Schlüsselkonzepte) aus unserem Gehirnspeicher ab.

Das Anlegen solcher unterschiedlichen Schlüsselkonzepte, d. h. in sich abgeschlossene Themenkreise zu den verschiedensten Bereichen, in unserem Gehirn, erleichtert das spätere Auffinden einer Information, denn das Gehirn arbeitet mit Assoziationen, d. h. ein Assoziationsstrang wird beim Abrufen z. B. eines Lerninhalts aufgefunden, der dann automatisch die Reproduktion der Gesamtinformation, die mit ihm verknüpft ist, hervorbringt. Auf diese Weise stehen bei einer assoziativen Verbindung (z. B.

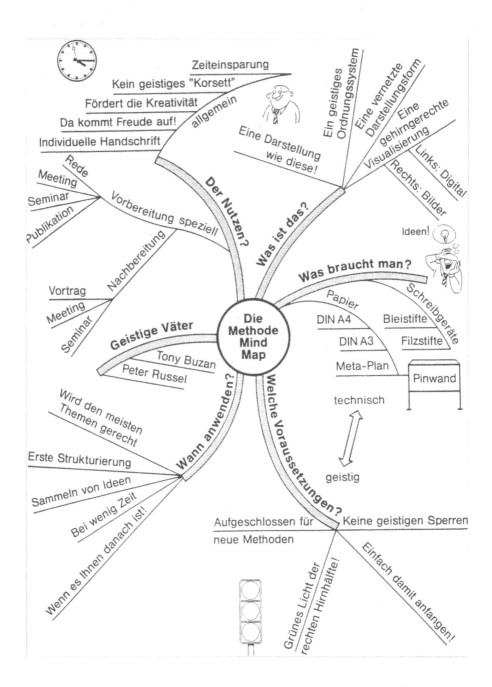

Geruch des Sonnenschutzmittels mit Urlaub) auch alle weiteren Informationen und Kenntnisse zu einem bestimmten Themenkomplex sofort abrufbereit (z. B. die Ereignisse aus dem Urlaub). Das Auffinden eines Assoziationsstranges ermöglicht demzufolge einen leichten Erinnerungsprozeß für einen ganzen Themenkomplex.

Der Vorteil der Speichermöglichkeit nach Schlüsselkonzepten ist, daß

- O das Abrufen des gesamten abgeschlossenen Themenkomplexes ermöglicht wird,
- O wichtige Daten und Informationen sich im Gehirn näher am Themenzentrum befinden, weniger wichtige dagegen an den entfernter liegenden Ausläufern,
- O neue Erkenntnisse zu einem Themenkomplex sofort dem passenden Schlüsselkonzept zugeordnet werden können, ohne daß erst mühsam Beziehungspunkte hergestellt werden müssen, und daß
- O durch ein „offenes Ende" dieser Denkmuster (Schlüsselkonzepte) unendlich viele Informationen angehängt und zugeordnet werden können, die dann nicht „irgendwo" gespeichert sind, sondern stets mit dem gesamten Themenkomplex automatisch mit abgerufen werden können.

4.2.3   Lernhilfen durch Mnemotechnik

Diese von der antiken Vorstellungswelt der Griechen und den indischen Brahmanen übernommenen mnemotechnischen Praktiken bilden Lernhilfen für unser Gedächtnis, die uns auch als sogenannte Eselsbrücken bekannt sind. Hierbei handelt es sich ebenfalls um Assoziationen, d. h. ein zu lernender Begriff wird mit einer anschaulichen Vorstellung oder einem ähnlichen Gedanken bzw. Symbol verknüpft und gespeichert. Hier gibt es verschiedene Möglichkeiten der Einprägung:

1. Zweierverbindung
Bei dieser Verknüpfung geht man von zwei miteinander verbundenen Begriffen aus.

Beispiel: Das Lernen von Namen
Der betreffende Name wird mit etwas Anschaulichem verbunden.
Schmiedbach = der Schmied am Bach.

2. Ketten
Hier wird versucht, eine Folge von Worten zu verbinden und zu speichern. Als Merktechniken können Zweierverbindungen gebildet (Straße – Auto – alte Dame – Krankenhaus) oder eine Handlung konstruiert werden.
Beispiel: Das Einprägen eines Vortrags.
Die Gliederungspunkte werden miteinander verknüpft und durch anschauliche Bilder memoriert.

3. Speicherung von Ziffern

Die Darstellung der einzelnen Ziffern kann durch Bildsymbole verdeutlicht werden. So können z. B. die Ziffern 0 – 9 folgenden Symbolen entsprechen:

0 = Ei, 1 = Ski, 2 = Schwan, 3 = Schlange, 4 = Stuhl, 5 = Sichel, 6 = Tennisschläger, 7 = Sense, 8 = Eieruhr, 9 = Luftballon.

Bei der Mnemotechnik wird versucht, einen abstrakten Lerninhalt anschaulich, d. h. mit Hilfe eines Phantasiebildes, einzuprägen, anstatt durch mechanisches Einpauken den Stoff so lange zu wiederholen, bis er behalten wird.

Bei der Zweierverbindung z. B. sollen mit Hilfe einer Vorstellung zwei unterschiedliche Begriffe eingeprägt werden. Das gewählte Phantasiebild wird dann einige Sekunden mit geschlossenen Augen verinnerlicht und im Gedächtnis verankert – wie eine innere Photografie.

Beispiel: Die beiden willkürlich ausgewählten Begriffe *Wiese* und *Buch* sollen eingeprägt werden, d. h. beim Erinnern von Wiese soll vor dem geistigen Auge gleichzeitig das Buch erscheinen und umgekehrt. Dazu stellt man sich eine grüne Wiese und mitten drin ein aufgeschlagenes Buch vor – sonst nichts. Dieses Bild wird dann mit Hilfe der Vorstellungskraft fixiert und einige Sekunden lang festgehalten. Ein solches Phantasiebild dient nun als sogenannte Eselsbrücke, um diese beiden Begriffe im Langzeitgedächtnis zu verankern.

4.2.4 Richtiges Lernen durch Vernetztes Denken

„...dann hast du die Teile in der Hand,
fehlt leider nur das geistige Band"

(Goethe, Faust)

Das Vernetzte Denken wurde von dem bekannten Biochemiker Frederic Vester zu seinem Leitmotiv gemacht. „Das Ganze ist mehr als die Summe seiner Teile" besagt eine alte Volksweisheit und zahlreiche Wissenschaftler sind der Meinung, daß erst durch die Beziehungen zwischen einzelnen Teilen, die vorher unverbunden waren, etwas gänzlich Neues entsteht, d. h. auf das Lernen bezogen, daß durch Zusammenfügen bisher unverbundenen Wissens aus verschiedenen Bereichen ganz neue Erkenntnisse erwachsen, was die Kreativitätsforscher als „schöpferisches Denken" bezeichnen. Beim Vernetzten Denken ist es wichtig zu wissen, daß zusätzlich zwischen den einzelnen Teilen auch noch Wechselwirkungen bestehen, die sich gegenseitig beeinflussen und in endloser Zirkularität miteinander verknüpft sind.

Gerade beim Lernen und bei der Informationsverarbeitung allgemein gibt es zahllose fachüberschreitende Gesamtzusammenhänge, die es vom Lernenden zu berücksichtigen gilt. Die Erklärung von Begriffen durch andere Begriffe, anstatt durch die dynamische Wirklichkeit („Sommer" ist nicht mehr die Zeit der warmen Winde, der lauen Abende, wenn es nach Heu duftet usw., sondern wird degradiert zu einer „Jahreszeit", einem verstümmelten Begriff, mit dem keine „Gefühle" – aus der rechten Gehirnhälfte – mehr verbunden sind, wodurch der Zusammenhang verschwindet), führt zu einer mangelhaften Behaltensquote. Durch diese Trennung von Geist und Körper, die beim traditionellen Lernen immer mehr angestrebt wurde, entstand Lernen ohne Einsatz des Organismus und ohne Einbeziehung der Umwelt, was nach Vesters Erkenntnissen widernatürlich und unökonomisch ist. Das dadurch entstandene realitätsfremde Eintrichtern von Wissensstoff verhindert jegliche weitere Verarbeitung im Kontakt mit der vernetzten Realität. Hier wird Lernen zum bloßen Merken unzusammenhängender Fakten, anstatt die Wissensaufnahme zu fördern, die ein mit der Realität verbundenes Lernen anstrebt, welches die tatsächlichen Vernetzungen und Wechselwirkungen in den gesamten Lernvorgang mit einbezieht.

Einfaches Beispiel für Lernen durch Vernetztes Denken (gleichzeitiges Lernen mit *beiden* Gehirnhälften): Ein Schüler soll sich das Geburtsdatum des Dichters Friedrich Hölderlin einprägen. Während die Zahlenreihe 20. 3. 1770 eine Anzahl abstrakter Symbole darstellt, die entweder nur durch laufendes Wiederholen im Gehirn gespeichert oder bald wieder vergessen wird, kann das Datum recht leicht durch Verknüpfen mit einem bereits bekannten Begriff (z. B. Frühlingsanfang, aufbrechende Knospen, Erwachen der Natur usw.) vermutlich auf Lebenszeit behalten, da das Datum gleichzeitig mit bekannten Bildern (aus der rechten Gehirnhälfte) gespeichert wird und so Assoziationen gebildet werden, die beim späteren Abrufen dieses Datums automatisch mit erscheinen.

Das Lernen ist einer der wichtigsten Vorgänge im Leben eines Menschen und erfolgt in zwei Stufen:

1. dem „anatomischen Lernen" während der kurzen Phase der frühen Kindheit, wobei sich die Gehirnzellen und ihre Vernetzungen – nach Vester die Hardware – ausbilden und

2. dem späteren „neurologischen Lernen", wo diese Hardware durch Speichern, Assoziieren und Verarbeiten der Wahrnehmungen programmiert wird – der sog. Softwarephase, die ein ganzes Leben lang anhält.

Die beste Garantie für effizientes Lernen ist ein entspannter Zustand, der meist nur durch „spielerisches Lernen", d. h. durch Lernen ohne Zwang, Druck und Streß, erreicht wird. Die natürliche Neugier bildet eine wichtige Brücke und Motivationsgrundlage für neu zu lernenden Stoff. Die Aufmerksamkeit für einen neuen unbekannten Lernstoff bleibt aber unweigerlich aus, wenn er nicht zunächst erst einmal in einem größeren Zusammenhang dargestellt wird, der ihm einen Sinn verleiht. Beginnt man aber zuerst mit den Details, wird sich in unseren grauen Zellen wenig ereignen, meint Vester, da es kein bereits angelegtes grob umrissenes Denkmuster gibt, in welchem die Details wiedererkannt und eingeordnet werden können. Wird dann später endlich der Zusammenhang erkannt und deutlich, sind die zuvor „gelernten" Details schon längst aus dem Kurzzeitgedächtnis gewichen und nicht mehr verfügbar, weil sie zuvor keine Möglichkeit hatten, sich durch Assoziationen und Erkennen des Zusammenhangs im bereits „vertrauten Eingangskanal" sinnvoll zu verankern, d.h. weil keine Beziehung zu einem bereits bekannten Ganzen hergestellt werden konnte.

Vester meint in seinem bemerkenswerten Buch über vernetztes Denken, daß der Lernvorgang nur in „einer Konstellation, die Freude verspricht, Lustgefühle und Erfolgserlebnisse, in der wir unbekümmert spielen und ausprobieren können", optimal funktioniert. „Doch was tun wir in unserer völligen Verkennung solcher Grundtatsachen der Lernbiologie, ja der menschlichen Natur überhaupt? Ausgerechnet den Unterricht, die Einführung in ein neues Gebiet, die Vermittlung von Wissen, verknüpfen wir vielfach mit Angst, Streß, Frustration und Prestigekämpfen – alles typische Lernkiller, unter denen wir mit gewaltigem Einsatz und gegen die Funktionen unseres Organismus dann logischerweise nur ein lächerliches Lernergebnis erzielen können. Was herauskommt, ist ein wenig Auswendiggelerntes und Gemerktes, doch niemals ein begreifendes Erfassen von Zusammenhängen, das uns die einzig sinnvolle Aufgabe des Lernens erfüllen hilft: uns in der Wirklichkeit besser zurechtzufinden, sie zu meistern, ganz zu schweigen von der sinnlosen Quälerei, die viele Menschen zu permanent Lerngeschädigten macht."

Wenn wir also Lernen mit Freude, Neugier, Spaß, Spiel, Lust und Vertrautheit verbinden, dann setzen wir Lernhilfen ein, welchen bereits bekannte Reaktionen im Organismus zugrunde liegen. Dadurch werden neue Informationen mit Empfindungen gekoppelt, für die bereits ein Grundmuster in unserem Gehirn vorhanden ist, und auf diese Weise automatisch besser gespeichert, als wenn dieser Lernstoff isoliert, d.h. ohne Assoziationshilfen, eingegeben wird. Statt nur mit den Begriffen von Dingen sollten wir mit diesen selbst arbeiten, mit ihren Wechselwirkungen und ihren Beziehungen zur Umwelt! Viel schneller würden sich auf diese Weise Informationen im Gehirn verankern lassen und stärkere Assoziationsmöglichkeiten bieten als bei dem üblichen, realitätsfernen Einpauken von Lernstoffen.

Fazit:

Der Lernprozeß muß von unangenehmen Begleiterscheinungen (wie Leistungsdruck, Streß, Angst etc.) befreit und gleichzeitig mit angenehmen Ereignissen (wie Lustgefühl, Freude am Lernen, positiven Vorstellungen, Rollenspielen etc.) verknüpft werden, um die vorhandenen Assoziationsmöglichkeiten voll zu nutzen, ohne die effizientes Lernen nicht möglich ist!

4.3 Zum Lernerfolg bei Kindern, Jugendlichen und Erwachsenen

Das Lernen des Menschen ist auf keine bestimmte Altersstufe begrenzt, d.h., es vollzieht sich laufend, vom Säugling bis zum Greis. Der Gedanken-Speicher im Gehirn des Menschen ist so groß, daß wir bis ins hohe Alter hinein fähig sind zu lernen. Ja, die folgenden Ergebnisse werden uns zeigen, daß gerade bei Erwachsenen der Lernerfolg sehr effizient sein kann. Man sollte sich darüber im klaren sein, daß das Gehirn wie ein Muskel ist: je mehr es benutzt wird, desto stärker wird es. Wenn daher ältere Leute ihr Gehirn fit gehalten haben, dann funktioniert es besser als bei verhältnismäßig jüngeren Menschen, die nach einer abgelegten Prüfung und einem Diplom in der Tasche aufgehört haben, Gehirngymnastik zu betreiben.

Wie wird nun die zu lernende Information in unserem Gehirn gespeichert, auf welche Weise kann der Lernstoff behalten werden und wie können wir uns an die gelernten Dinge anschließend wieder erinnern?

Ein einheitliches Gedächtnismodell – wie früher angenommen wurde – existiert nicht; unser Gedächtnis ist aus *mehreren* Speicherstufen aufgebaut. Diese verschiedenen Gedächtnisse unterscheiden sich sowohl durch verschiedene Aufgaben, als auch durch verschiedene Verarbeitungsmechanismen voneinander.

Soll nun eine Information gelernt und behalten werden, muß sie – nachdem sie von Auge, Ohr oder dergleichen aufgenommen wurde – zunächst über das Ultrakurzzeitgedächtnis laufen, um dann über den Kurzzeitspeicher im Langzeitspeicher endgültig aufgenommen zu werden.

In der ersten Gedächtnisstufe – dem Ultrakurzzeitgedächtnis – wird alles gerade Wahrgenommene aufgenommen, d.h. alles was wir in einem Augenblick sehen, empfinden, hören usw. wird zwischen 0,1 bis 20 Sekunden im Bewußtsein aufbewahrt. In dieser ersten Stufe unseres Gedächtnisses kann zunächst ein erheblich höherer Informationsanteil aufgenommen werden, als wir je speichern können. Der überwiegende Teil dieser Nachricht wird jedoch nicht weiterverarbeitet und deshalb in wenigen Sekunden wieder vergessen.

Eine Information oder ein Lernstoff gelangt erst dann in die nächste Gedächtnisstufe, das Kurzzeitgedächtnis, wenn man etwas *bewußt* wahrnimmt und diesem Wahrgenommenen eine besondere Bedeutung beimißt. Diese Eindrücke, die sich von den anderen, automatisch mit aufgenommenen Informationen, deutlich abheben, werden im Kurzzeitgedächtnis aufgenommen und mit bereits vorhandenem Wissen zum Thema über eine Bildung von Assoziationen festgehalten.

Wurde nun eine Information über das Ultrakurzzeitgedächtnis und das Kurzzeitgedächtnis wahrgenommen, ohne daß sie dabei verlorenging, wird sie im Langzeitgedächtnis weiter verarbeitet und langfristig – durch einen chemischen Prozeß – gespeichert. Das Wichtigste dabei ist jedoch, den zu behaltenden Stoff anschließend auch wieder *aufzufinden* und jederzeit *abrufen* zu können. Deshalb müssen beim Einprägen von Informationen Verbindungen zwischen diesen und bereits vorhandenem Wissen hergestellt sowie Assoziationsmöglichkeiten aufgebaut werden.

Daten/Informationen sind ca. 10–20 Sek. gegenwärtig

Speicherung für ca. 20 Min.

zeitlich unbegrenzte Speicherung

Die Gedächtnisleistung des Menschen kann unterteilt werden in:

□ Merkfähigkeit
  = das Neu-Gedächtnis
  = Kurzspeicher

□ Erinnerungsfähigkeit
  = das Alt-Gedächtnis
  = Langzeitspeicher

Neuere Untersuchungen zeigen, daß die Informationszuflußkapazität in den Kurzspeicher bei Kindern etwa 7 bit/s und bei Erwachsenen 16 bit/s ist. Einen Überblick über die teilweise recht unterschiedlichen Ergebnisse anhand von Untersuchungen gibt Riegel in seiner Darstellung der Altersabhängigkeit informationspsychologischer Parameter:

Zuflußkapazität Kurzspeicher

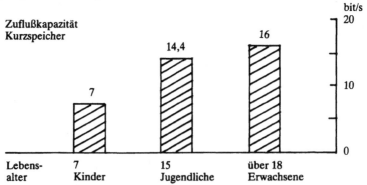

Auch ist der Anteil des Behaltens vom Aufgenommenen bei den Erwachsenen höher als bei Jugendlichen und bei Kindern.

Anteil des Behaltens vom Aufgenommenen

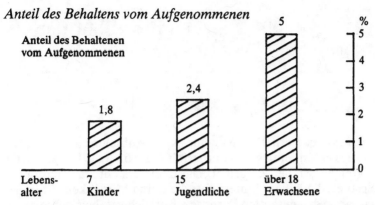

Verschiedene empirische Untersuchungen belegen, daß die Merkfähigkeit bei Erwachsenen größer als bei Kindern ist. Dies geht z. B. auch aus einer Untersuchung von Farapanowa hervor, die die Überlegenheit der Erwachsenen gegenüber Kindern beim Einprägen von Bildern (A), konkreten Begriffen (B) und abstrakten Begriffen (C) zeigt:

Tempo des Einprägens

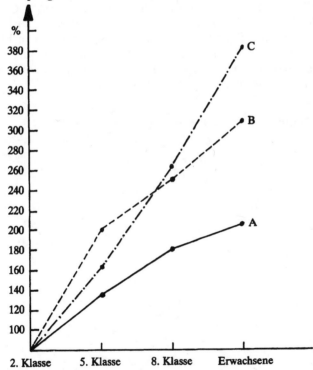

Diese wenigen Beispiele sollen dokumentieren, daß gerade im Erwachsenenalter die Lernfähigkeit noch voll vorhanden ist.

Lernen ist ein uns angeborener Instinkt und von Natur aus ein Vergnügen, das nur durch schlechte Lernmethoden beeinträchtigt wird. Lernen bedeutet aber auch, geistig beweglich und aufgeschlossen für Erfahrungén zu sein.

4.4 Wesentliche Einflußgrößen auf den Lernerfolg

4.4.1 Lernen durch aktive Mitarbeit

Lernen ist ein aktives Verhalten. Nur eine aktive Aufnahme und Verarbeitung des Stoffes garantieren einen Lernerfolg. Je größer die Lernaktivität, desto erfolgreicher ist die Lernarbeit. Darunter versteht man eine zielbewußte Selbstbeteiligung am Unterricht, die durch Mitdenken, Mitreden und Mitschreiben den gesamten Lernprozeß erleichtert. Nur durch aktive geistige Arbeit kann eine langfristige Speicherung von Informationen erreicht werden. Beim passiven Zuhören ist es nicht möglich, die Informationen längerfristig zu speichern.

Durch bloßes Zuhören werden zwischen 5% und 20% des zu lernenden Stoffes im Langzeitgedächtnis behalten, beim Lesen bzw. Sehen sind es zwischen 20% und 30%, bei Kombination von Hören und Lesen bzw. Sehen werden bis zu 60% des neuen Materials behalten; das Diskutieren des Stoffes in Gruppen führt zu einer Gedächtniswirkung von bis zu 70%, während durch „Selbst tun" (z. B. durch die selbständige Durchführung eines chemischen oder physikalischen Versuches) bis zu 100% des neuen Stoffes behalten werden.

Wissensvermittlung und Gedächtniswirkung

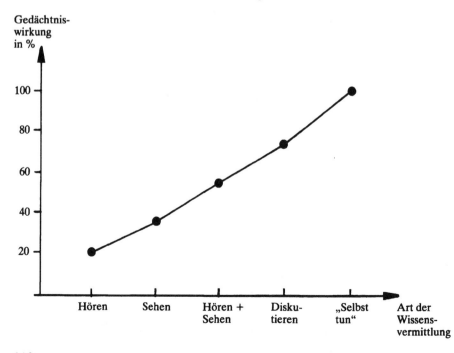

Durch aktives Zuhören ergeben sich folgende Vorteile:

☐ Eine aktive Beteiligung bei der Lehrveranstaltung erhöht die Aufnahmebereitschaft.

☐ Zeitersparnis, da aktive Teilnahme die Lernzeiten erheblich verkürzt.

☐ Durch aktives Zuhören werden neue Lerninhalte mit bereits bekannten Vorstellungen verknüpft. Dies wirkt sich positiv auf die Behaltensquote aus.

☐ Aktive Mitarbeit ermöglicht gezieltere Fragen im Unterricht, was dem Lernerfolg dient.

Man sieht also, daß das Zuhören kein passives Verhalten, sondern ein wichtiger Part im Lernprozeß ist, welcher aktive geistige Anteilnahme erfordert und voraussetzt.

Eine weitere Form der aktiven Mitarbeit ist *das Mitschreiben* im Unterricht. Folgende Techniken haben sich dabei bewährt:

☐ Verwendung von losen Blättern, um sie unmittelbar nach dem Vortrag den einzelnen Fachgebieten zuordnen zu können.

☐ Blätter nur einseitig beschriften, um sie später leichter einordnen zu können.

☐ Als Ordnungsmittel für die Notizen können Ringbücher, Schnellhefter usw. verwendet werden.

In welcher Form soll mitgeschrieben werden?

☐ Gesamtstoff in Form einer Gliederung (stichwortartig) darstellen, da diese der späteren Rekonstruktion sowie dem Lernen und Behalten dient.

☐ Nur das Wesentlichste festhalten und ggf. durch Unterstreichen hervorheben.

☐ Immer mit eigenen Worten formulieren, (jedoch den Sinn nicht verfälschen), da dies bereits eine Wiederholung des Stoffes darstellt.

Notizen entlasten das Gedächtnis und ermöglichen jederzeit eine Wiederholung des Stoffes, da sie eine geschriebene Unterlage bilden. Sie sind wie ein schriftliches Gedächtnis, da erwiesen ist, daß man etwa 50% des Gehörten sofort wieder vergißt. Vor diesem Hintergrund ist auch das chinesische Sprichwort zu sehen: „Die blasseste Tinte ist besser als das stärkste Gedächtnis".

Die Bedeutung des aktiven Lernens gegenüber der passiven Wissensvermittlung wird in zahlreichen lernpsychologischen Experimenten nachgewiesen. So ließ z. B. Iwanowa eine Gruppe von Versuchspersonen einen Stoff viermal lesen, während ihn die zweite Gruppe zweimal las und zweimal frei reproduzierte.

Aktives Wissen und Lernerfolg

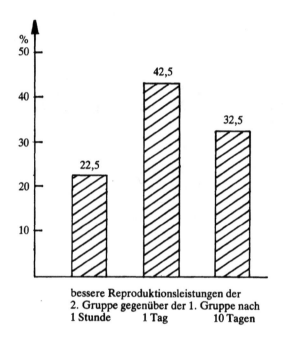

bessere Reproduktionsleistungen der
2. Gruppe gegenüber der 1. Gruppe nach
1 Stunde   1 Tag   10 Tagen

Wesentliche Erkenntnisse:

☐ Der Lernprozeß wird durch eine aktive Beteiligung am Unterricht wesentlich erleichtert.

☐ Da wir durch Sehen und Hören Informationen wahrnehmen, sollten wir auch beim Lernen möglichst viele Sinne in Anspruch nehmen, um so die Reproduktion des Stoffes zu erleichtern.

☐ Bei der Vorbereitung auf den Unterricht oder auf Prüfungen, sollte man den Stoff nicht nur aufmerksam durchlesen, sondern auch nacherzählen und sich selbst überprüfen.

4.4.2   Kenntnis des Lernplateaus

Ausschlaggebend für den Lernerfolg ist auch die Kenntnis der einzelnen Phasen des Lernfortschrittes: Das *Lernplateau*. Dieser Begriff aus der Lernpsychologie ist die immer wiederkehrende Erfahrung, daß Lernfortschritte nicht gleichmäßig verlaufen. Im allgemeinen sind die folgenden vier Phasen zu unterscheiden:

1. Mühsamer Anfang, der Lernende muß den Zugang zu seiner Aufgabe finden.

2. In der zweiten Phase wird schnell gelernt, da der Lernende jetzt den „Durchblick" hat.

3. Plötzlich scheint ein Stillstand einzutreten, trotz regelmäßigen Übens werden kaum Fortschritte gemacht, u. U. wird sogar bereits beherrschter Stoff wieder verloren: Ein Lernplateau ist erreicht.

4. In der vierten Phase werden nach Überwindung des Lernplateaus wieder größere Fortschritte bis zur Erreichung einer „oberen Grenze" gemacht.

Wesentliche Erkenntnis:

☐ Regula D. Schräder-Naef betont: „Das Wissen um diese Gesetzmäßigkeiten kann den Lernenden vor Entmutigung bewahren und ihm helfen, auch dann mit seiner Arbeit fortzufahren, wenn er zu stagnieren scheint."

4.4.3   Physiologische Leistungsbereitschaft

Ebenfalls berücksichtigt werden sollte die *physiologische Leistungsbereitschaft*. Der Lernerfolg wird durch Planung der Lernzeit in Abhängigkeit von der physiologischen Leistungsbereitschaft des Lernenden gefördert. Soweit der Lernende seinen Tagesablauf frei einteilen kann, sollte er also seine Arbeits- bzw. Lernphasen – entsprechend den Stunden der höchsten physiologischen Leistungsbereitschaft – für den Vormittag, den späten Nachmittag und die ersten Abendstunden planen.

Ein wichtiger Aspekt, den es zu berücksichtigen gilt, ist, daß im allgemeinen der Behaltenseffekt besser ist, wenn nach der Kenntnisaneignung geschlafen wird. In Untersuchungen wurde z. B. festgestellt, daß von dem, was 100% gelernt wurde,

○ nach 8 Stunden Wachintervall nur   9% und

○ nach 8 Stunden Schlafintervall noch 56%

reproduzierbar ist.

Physiologische Leistungsbereitschaft

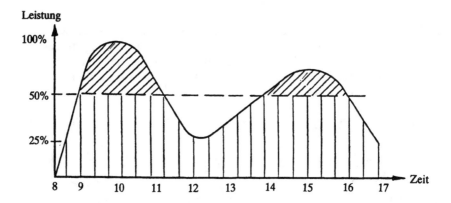

Daher bringt Hans Löwe in seinem Buch auch klar zum Ausdruck, daß das *Vergessen* von Gelerntem nicht ein passives Verklingen, sondern vor allem eine aktive Hemmung durch neue Eindrücke ist. Er führt u. a. dazu aus:

„Je größer die Vielzahl der Eindrücke ist, desto mehr wird wieder ‚weggeschwemmt‘". Zu häufiges Fernsehen – besonders nachdem gelernt wurde – ist sicherlich schädlich.

Das Behalten nach Wach- bzw. Schlafintervallen

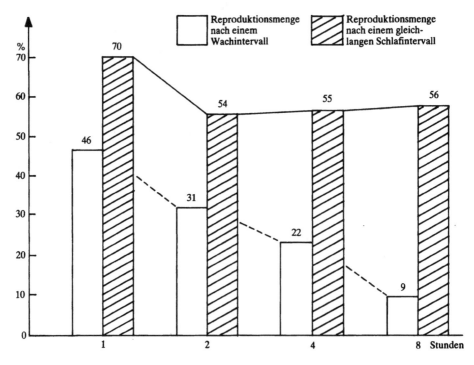

Wesentliche Erkenntnisse:

☐ Soweit man Einfluß auf die Planung der Lernzeit hat, sollte man die Erkenntnisse der physiologischen Leistungsbereitschaft nutzen.

☐ Stoffe, die aufgrund von häufigen Wiederholungen zu einem Lernerfolg führen wie z.B. Vokabeln, Formeln und Gedichte, sollten möglichst in den Abendstunden gelernt werden.

4.4.4 Lernen durch Erkennen des Zusammenhangs und sinnvolle Strukturierung des Lernstoffes

Lernstoff ist besser zu behalten, wenn man seinen Sinn und Zusammenhang versteht. Deshalb sollte man sich einen Gesamtüberblick verschaffen, bevor man zu den Details übergeht.

Sinnvolles, verstandesmäßiges Lernen ist wirkungsvoller als mechanisches Einprägen. Planvolles Einprägen begünstigt den Lernerfolg, wie aus der folgenden Abbildung hervorgeht.

Einprägen und Lernerfolg

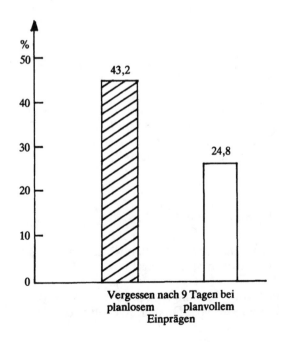

Vergessen nach 9 Tagen bei
planlosem   planvollem
Einprägen

Selbstverständlich kommt gerade bei dieser Einflußgröße der Art des zu lernenden Materials eine besondere Bedeutung hinsichtlich des Behaltens zu. Demnach wird Material mit ausgesprochen sinnvollem Inhalt – wie Prinzipien und Gesetzmäßigkeiten – am besten behalten. Daraus folgt, daß der Lernende versuchen muß, „eine Struktur in seinen Stoff zu bringen, die Zusammenhänge zu sehen, die Gesetzmäßigkeiten zu suchen".

Lernstoff und Behalten

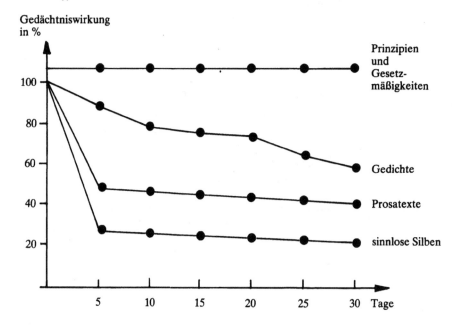

Wesentliche Erkenntnisse:

☐ Es ist erwiesen, daß gut strukturierter Lernstoff besser behalten wird als nicht strukturiertes Material.

☐ Da die Voraussetzung für ein sinnvoll strukturiertes Lernmaterial nicht immer gegeben ist, sollte man versuchen, Lernstoff systematisch aufzubereiten und zu strukturieren, d. h., große Lerneinheiten werden sinnvollerweise in kleinere Lernabschnitte unterteilt.

4.4.5   Differenzierung der Lernleistungen

Nachteilig auf das Behalten von Stoffen wirkt sich oft die störende Beeinflussung von gleichartigen Stoffen aus.

Aus empirischen Untersuchungen geht die Notwendigkeit des abwechslungsreichen Lernens hervor. Demzufolge gilt nach Löwe der Grundsatz,

116

daß, je ähnlicher zwei Lernleistungen sind, die zeitlich aufeinander folgen, desto schlechter ist der Behaltenseffekt und umgekehrt. Auch aus Abschnitt 4.3.3 geht hervor, daß eine nachfolgende Lernarbeit ein vorher erfolgtes Lernen verschlechtert. Dies ist mit auf die *retroaktive Hemmung* zurückzuführen. Dabei hat man erkannt, daß die Stärke dieser Hemmung mit der Gleichartigkeit des Stoffes korreliert. Je ähnlicher die nachfolgende Lernleistung ist (z. B. Einprägen französischen Textes auf das Lernen englischer Vokabeln), desto schlechter ist das Ergebnis.

Wesentliche Erkenntnisse:

☐ Im Unterricht sollten auf vorwiegend theoretisch orientierte Fächer bzw. Stunden pragmatisch ausgerichtete Fächer folgen.

☐ Der Lernprozeß sollte richtig organisiert werden, d. h., es ist Sorge für die notwendige Abwechslung zu tragen.

4.4.6 Zweckmäßig verteilte Wiederholung des Lernstoffes

Mit dem Lernen allein ist es jedoch nicht getan. Der mühsam erlernte Stoff muß behalten werden, d. h. für längere Zeit verfügbar sein.

Behalten heißt, einen Eindruck durch Assoziation im Kurzzeit-Gedächtnis zu speichern. Diese aufgenommenen Bilder würden sich jedoch rasch verflüchtigen, wenn sie nicht durch geeignete Maßnahmen daran gehindert werden. Ein dauerhaftes Bild (Behalten) erhalten wir deshalb nur, wenn der Lernstoff erfolgreich vom Kurzzeit-Gedächtnis ins Langzeit-Gedächtnis übernommen wird. Deshalb ist es notwendig, den Lernprozeß durch sinnvoll eingesetzte Wiederholungen zu unterstützen.

Um ein Vergessen des Lernstoffes zu verhindern, sollten zeitlich gestaffelte Wiederholungen vorgenommen werden. Man kommt mit weniger Wiederholungen aus, wenn diese auf einen größeren Zeitraum verteilt werden. Dies sollte sich aber nicht auf Lernstoff beziehen, der bereits fest im Gedächtnis eingeprägt ist, sondern sich auf Lernstoff beschränken, welcher des Wiederholens bedarf. Man sollte beachten, daß der Übergang vom Kurzzeit- ins Langzeitgedächtnis in der Regel erst nach mehrmaliger Wiederholung und Verarbeitung gelingt.

Diese Erkenntnis ist insbesondere bei Prüfungsvorbereitungen zu nutzen. Es ist daher sinnvoll, innerhalb eines bestimmten Zeitraums mehrere Wiederholungen einzuplanen.

Die verteilte Wiederholung ist effektiver als die gehäufte:

Wiederholung und Lernerfolg

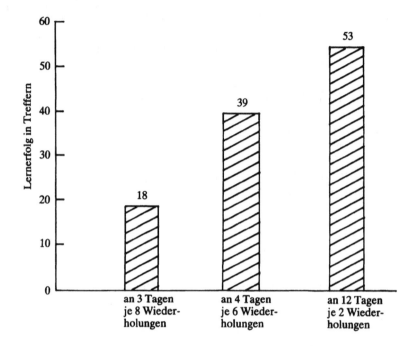

Wesentliche Erkenntnis:

☐ Jedes Gedächtnis ist auf das Wiederholen angewiesen. Wichtig ist die Wiederholung in Intervallen. Bei der Aufnahme von Informationen und Bildern ist die Regel, daß man sich 1 Tag Zeit lassen sollte, bevor man sie wiederholt.

4.4.7   Richtige Zeiteinteilung beim Lernen

Zur zeitlichen Bewältigung eines gewissen Lernpensums können Durchschnittswerte berechnet werden. Stellt man nun fest, daß die eigenen Werte erheblich über oder unter diesem Durchschnitt liegen, wäre es sinnvoll, seine Zeiteinteilung zu überprüfen, um Zeit besser planen und intensiver nutzen zu können.

Grundsätzlich gilt, daß die Geschwindigkeit des Lernens dem Benutzungsgrad des Stoffes angepaßt sein muß. Dabei haben Untersuchungen gezeigt, daß ein zu rasches Lernen am Anfang keinen vorteilhaften Einfluß auf das dauerhafte Behalten hat. Versuchspersonen, die das Ziel hatten, möglichst schnell zu lernen, haben im allgemeinen weniger behalten als

Personen, die beim ersten Durchlesen eines neuen Stoffgebietes so aufmerksam wie möglich begannen und später dann das Lerntempo beschleunigten.

In Publikationen wird dieser Sachverhalt u. a. am Beispiel von Schülern, die das Addieren und Subtrahieren von Dezimalbrüchen lernen sollten, dargestellt. Während die erste Gruppe immer die gleiche Zeit zum Lernen zur Verfügung hatte, bekam die zweite Gruppe für die erste Beschäftigung mit dem Stoff mehr Zeit, später wurde die Zeit dann allmählich verkürzt:

Lerntempo und Lernerfolg

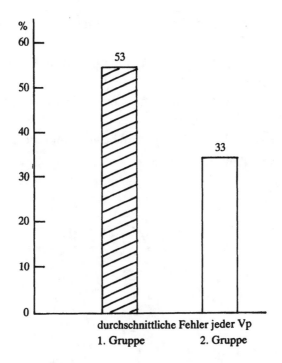

Tips gegen Aufschieberitis beim Lernen:

1. Setzen Sie sich realistische und erreichbare Ziele!

2. Nehmen Sie sich nicht zuviel auf einmal vor!

3. Nichts muß perfekt getan werden – nur *getan* muß es werden!

4. Verschenken Sie nicht unnötig Ihre Energie!

5. Belohnen Sie sich selbst für fristgerechtes Arbeiten!

Wesentliche Erkenntnisse:

- ☐ Konzentrieren Sie sich bei der Informationsaufnahme!
- ☐ Stellen Sie Beziehungen (Assoziationen) zwischen dem neuen Lernstoff und dem bereits gespeicherten Wissen her!
- ☐ Setzen Sie mehrere Sinne beim Lernen ein!
- ☐ Einen neuen Lernstoff sehr aufmerksam durchlesen, dann erst allmählich das Lerntempo steigern!
- ☐ Ein zu rasches Lernen zu Beginn hat keinen vorteilhaften Einfluß auf dauerhaftes Behalten!
- ☐ Die Lerngeschwindigkeit muß dem Benutzungsgrad des Stoffes angepaßt sein!
- ☐ Bringen Sie nur positive Eindrücke mit Lernen in Verbindung und verbannen Sie negative Vorstellungen!
- ☐ Werden Informationen als Lernstoff mit positiven Assoziationen aufgenommen, so erzeugen sie Erfolgserlebnisse.
- ☐ Das Wissen um den eigenen Lerntyp ermöglicht effizienteres Lernen und verbessert die Lernleistung.
- ☐ Die Gefühlswelt sollte im Lernprozeß bewußt angesprochen werden!
- ☐ Lassen Sie sich Zeit beim Lernen!

Beim Lernen Zeit lassen!

4.5 Ausgewählte Lernmethoden und Lesetechniken

Neben den bereits beschriebenen Lernvoraussetzungen, die sich auf das Wissen um die Gesetzmäßigkeiten beim Lernprozeß und auf die persönliche Einstellung zum Lernen beziehen, gibt es noch eine Reihe von Lernmethoden und Lesetechniken, die das Aufnehmen und Behalten von Stoff wesentlich erleichtern.

4.5.1 Effiziente Lernmethoden

Es gibt zahlreiche – mehr oder weniger effiziente – Lernmethoden, mit deren Hilfe neuer Lernstoff aufgenommen und behalten werden kann. Anhand von

- ○ Erkenntnissen über Lern- und Denkvorgänge,
- ○ Hinweisen zur optimalen Nutzung des menschlichen Gehirns und
- ○ Problemlösungs- und Kreativitätstechniken,

kann der Lernende das jeweils für seinen eigenen Lerntyp am besten geeignete Hilfsmittel finden.

Der Lernprozeß ist in mehrere Phasen unterteilt, die zeitlich stets nacheinander ablaufen. R. M. Gagne beschreibt in seinen „Bedingungen des menschlichen Lernens" folgende vier Lernschritte:

1. Aufnehmen
Zunächst wird der zu lernende Stoff wahrgenommen. Dabei spielen die Darbietungsform sowie Einstellung des Lernenden und seine Gefühle gegenüber den Informationen eine entscheidende Rolle für das spätere Behalten.

2. Erwerben
In dieser Phase findet der Hauptanteil des Lernprozesses statt, da hier durch Selektion spätere Verhaltensweisen angelegt werden.

3. Speichern
Jetzt werden die erworbenen Informationen im Gedächtnis gespeichert, wobei je nach Speicherkapazität und Behaltensgrad zwischen Kurz- und Langzeitspeicher unterschieden wird.

4. Reproduzieren
Dieser Schritt bezeichnet die Fähigkeit, gelernte Informationen abrufen und zur gegebenen Zeit wiederholen zu können.

Besonders bei der Phase des Erwerbens ist es von großer Bedeutung, welchem Lerntyp der einzelne angehört. Hier kann man generell drei verschiedene Lerntypen unterscheiden:

○ *Der visuelle Typ:* Er lernt besonders leicht durch Ansehen. Für ihn bieten deshalb Dias, Bilder, Filme und jede Art von Anschauungsmaterial große Lernerleichterungen.

○ *Der auditive Typ:* Hier spielt das Hören des zu lernenden Stoffes eine übergeordnete Rolle. Dieser Typ lernt besonders leicht durch Referate, Vorträge, Lehrgespräche, Diskussionen, Tonbänder und Geräusche.

○ *Der motorische Typ:* Bei ihm hat das Lernen durch Bewegung und Nachahmung Vorrang, d. h. er muß das Gelernte „tun" durch Experimente veranschaulichen, etwas konstruieren, darstellen oder dergleichen.

Den reinen Lerntyp gibt es jedoch nicht; die meisten Menschen sind Mischtypen, die aber eine bestimmte Art zu lernen, bevorzugen oder auf einem der drei Gebiete größere Fähigkeiten und Akzeptanzwerte aufweisen.

Der Amerikaner Francis Robinson entwickelte in den 60er Jahren bei Untersuchungen mit Studenten seine SQ-3R-Methode, mit welcher er eine bessere Behaltensquote beim Lernen erzielen wollte. Die fünf Buchstaben stehen dabei für die verschiedenen Lernschritte:

SQ-3 R-Methode zur Analyse von Texten

S = Survey
   ○ Gewinnen eines Überblicks
   ○ Einschätzen des Nutzens
   ○ Auswahl des Leseverfahrens

Q = Question
   ○ Fragen stellen
   ○ Erwartungen an den Text
   ○ Anwendung/Realisierung

R = Read
   ○ Lesen
   ○ Leseziel nicht vernachlässigen
   ○ Einsatz von Lese-Markierungstechniken

R = Recite
   ○ Rekapitulieren
   ○ Anfertigen von Auszügen
   ○ Form und Methode der Speicherung

R = Review
   ○ Wiederholen
   ○ Einordnung des Wissens
   ○ Wiedergabe/Abruf

Auf den Erkenntnissen Robinsons baut die von Regula D. Schräder-Naeff als 5-Punkte-Methode bezeichnete Vorgehensweise auf:

5-Punkte-Methode zum besseren Aufnehmen und Behalten

1. Punkt: Überblick gewinnen
- ○ Aufbau und Strukturierung des Buches analysieren
- ○ Intension des Autors herausfinden

2. Punkt: Fragen stellen
- ○ Passives Aufnehmen durch aktives Suchen ersetzen
- ○ Neuen Lernstoff mit bereits bekannten Fakten verknüpfen

3. Punkt: Lesen
- ○ Wesentliche Überlegungen notieren oder markieren
- ○ Erkenntnisse gedanklich nachvollziehen und bewußt aufnehmen

4. Punkt: Rekapitulieren
- ○ sich den Inhalt des jeweiligen Kapitels vergegenwärtigen
- ○ Die zu Beginn dieses Kapitels gestellten Fragen beantworten

5. Punkt: Repetieren/Wiederholen
- ○ Gesamten Inhalt nochmals vergegenwärtigen
- ○ Alle wesentlichen Erkenntnisse in Erinnerung rufen und zusammenfassen

Die sogenannte „Organische Studienmethode" nach Tony Buzan weist ebenfalls eine strukturierte Vorgehensweise beim Lernen auf:

1. Lernstoffselektion und Zeitplanung:
   Welcher Stoff muß innerhalb welcher Zeit bearbeitet werden?
2. Aufbauen auf Wissen zum Thema:
   Bereits vorhandenes Wissen zusammenstellen und schriftlich fixieren.
3. Zieldefinition:
   Lernziel und Lernanreize genau formulieren.
4. Durchsicht des Lern-/Lesematerials:
   Kurzfassungen, Einleitungen, Klappentexte und Grafiken auf Zweckmäßigkeit untersuchen.
5. Lernstoffgewichtung:
   Wesentliche Textpartien und wichtige Aussagen verstärkt durcharbeiten.
6. Textsichtung:
   Falls notwendig, noch eine ergänzende Textsichtung durchführen.
7. Nachbearbeitung:
   Die bei allen vorhergehenden Lernschritten erstellten Notizen und Zusammenfassungen nochmals durchlesen und Überflüssiges streichen.

4.5.2 Rationelle Lesetechniken

Eine rationelle Lesetechnik ist sicher ein wichtiger Faktor zur Erhöhung der persönlichen Lerneffizienz und bedeutet zusätzlich noch eine erhebliche Zeitersparnis. Das *Lesen* eines neu zu lernenden Stoffes ist dem *Hören* von Informationen an Effizienz weit überlegen und das weitaus gebräuchlichste Mittel der Informationsaufnahme.

Wir sollten deshalb unsere Fähigkeit zu lesen soweit ausbilden, daß es uns möglich ist, den Lernstoff rasch zu überfliegen, dabei jedoch das Wesentliche des Textes zu erfassen und im Gedächtnis zu behalten. Dadurch können Bezüge zum Ganzen hergestellt und ein besserer Überblick gewonnen werden. Gerade Erwachsene sollten die Schnell-Lese-Techniken trainieren, da man dadurch die durchschnittliche Leseleistung von 150 Wörtern pro Minute auf 300 und mehr steigern kann. Von John F. Kennedy ist bekannt, daß er es auf 1200 Worte in der Minute brachte, was ihm sicher ermöglichte, seinen Wissensstand auf einem sehr hohen Niveau zu halten.

Meist genügt es aber auch schon, die schlechten, weil zeitraubenden Lesegewohnheiten als Störfaktoren für schnelleres Lesen zu erkennen und auszuschalten:

- ○ halblautes oder inneres Mitsprechen des Textes,
- ○ unnötig viele Augenbewegungen,
- ○ Zeilen mit dem Finger verfolgen,
- ○ Wort-für-Wort-Lesen,
- ○ langes Verweilen bei unwichtigen Informationen,
- ○ sonstige Umfeldeinflüsse.

Diese vorwiegend unbewußt ablaufenden Randerscheinungen beim Lesen gilt es, durch konsequentes Training zu beseitigen und für bessere Lesegewohnheiten zu sorgen.

Methoden für rationelles Lesen können in Maßnahmen

- ○ vor dem Lesen,
  hier kann durch zielorientiertes, selektives Lesen ein großer Anteil an Lesematerial aussortiert und erhebliche Zeit eingespart werden,
- ○ während des Lesens,
  z. B. durch bessere Lesetechniken und höhere Lesegeschwindigkeiten sowie durch Markieren bzw. Hervorheben wesentlicher Textstellen, und
- ○ nach dem Lesen
  durch Anfertigen von Textauszügen und Zusammenfassungen

eingeteilt werden.

Erich Fromm nennt die drei Phasen produktiven Lesens

- ○ Vor-Denken
- ○ Mit-Denken
- ○ Nach-Denken.

Nach einer

- ○ kritischen Analyse des Lesestoffes,
- ○ zielorientierter Materialauswahl,
- ○ endgültigen Entscheidung, etwas zu lesen und
- ○ nach dem Beseitigen aller Störfaktoren für schnelles Lesen,

können folgende Schnell-Lese-Techniken angewandt werden:

- ☐ *Diagonales Lesen.* Bei dieser Methode wird der Text einer Seite von links oben nach rechts unten in einer gedachten Diagonale gelesen. Dabei besteht jedoch die Gefahr, daß ein zu geringer Teil des Lesestoffes erfaßt wird und wesentliche Aussagen außerhalb des Blickfeldes bleiben.

- ☐ *Slalomtechnik.* Hierbei werden mehrere Zeilen gleichzeitig slalomartig gelesen, wobei nur bestimmte Schlüsselworte erfaßt und aufgenommen werden. Auf diese Weise können die Sinnträger eines Satzes wahrgenommen und das Beiwerk weitgehend vernachlässigt werden.

- ☐ *Peripherisches Lesen.* Hier wird die gesamte Blickspanne ausgenützt, d. h. unsere Augen sind in der Lage, bei einem normalen Leseabstand eine Kreisfläche von etwa 10 cm Durchmesser zu erfassen. Dadurch nimmt man nicht einzelne Worte, sondern ganze Zusammenhänge auf und kann das Lesetempo steigern. Oft kann auf diese Weise bis zu 80% des Textes eingespart werden.

Das Schnellesen hat zum Ziel, einen generellen Überblick über den Textinhalt zu vermitteln und die für den eigenen Bedarf brauchbaren Informationen herauszufinden.

Durch Hervorheben wichtiger Textstellen und durch Randbemerkungen während des Lesens kann man in dieser Phase des Lernens bereits Prioritäten setzen und die spätere Nachbereitung des Gelesenen wesentlich erleichtern. Besonders farbige Markierungen (am besten mit fluoreszierenden Stiften „Marker") haben gegenüber dem herkömmlichen Unterstreichen den Vorteil, daß der gesamte Text ins Auge springt und man durch die unterschiedlichen Farben bereits eine Grobstrukturierung des Textes vornehmen kann.

Durch ein persönliches Markierungssystem, das durch bestimmte Randsymbole (z. B. Ausrufezeichen für besonders wichtige Textstellen) ergänzt werden kann, schafft man sich ein wichtiges Hilfsmittel für rationelles und damit effizientes Lesen.

Die anschließende Abfassung von

- ○ Zusammenfassungen,
- ○ Thesen,
- ○ Darstellungen und
- ○ Exzerpten

ist ein wesentlicher Beitrag zum Behalten von Lernstoffen, da sich über das Niederschreiben bereits ein großer Teil des Sachverhaltes einprägt.

Die letzte Phase beim rationellen Lesen könnte man als ein studierendes Lesen bezeichnen, da es die eigentliche Auseinandersetzung mit den für die persönlichen Bedürfnisse relevanten Textpassagen bedeutet. Durch die intensive Aufnahme des verbleibenden Lernstoffes soll ein innerer Bezug zu diesem hergestellt werden, der es ermöglicht, an bereits vorhandenes Wissen und bekannte Erfahrungswerte anzuknüpfen.

Effizienter Lernen:
... an vorhandenes
Wissen anknüpfen!

4.6   Antriebe für den Lernerfolg

4.6.1   Die Motivation

Unter Motivation wird ein Gefüge von Beweggründen (Motiven) unterschiedlichster Art, das das menschliche Handeln bedingt, verstanden. Innerhalb des Motivgefüges wird in der Literatur vorwiegend unterschieden in *habituelle Motivation* (Einstellung) und *Aktualmotivation* (aktuelle Motivierung durch äußere und innere Reize).

Man hat erkannt, daß es zum Beispiel von der Lernmotivation abhängt, in welchem Maß neuer Stoff aufgenommen und verarbeitet wird. Motivation ist wohl der wirksamste Antrieb zum Lernen. Ohne Motivation ist überhaupt kein Lernen möglich. Der Lernerfolg ist wesentlich von Faktoren wie Interesse, Lernbereitschaft und Lernintensität abhängig. Es ist erwiesen, daß man hauptsächlich jenen Stoff behält, welchen man mit Aufmerksamkeit, Interesse und der vollen Absicht, ihn auch zu behalten, lernt.

Ablauf eines positiven Lernvorganges

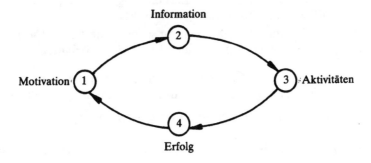

1 = Voraussetzung für ein sinnvolles Lernen sind die Beweggründe (Motivationen), welche zum Lernen veranlassen
2 = Neuer Lernstoff wird bewußt und positiv aufgenommen
3 = Die aufgenommenen Informationen müssen aktiv verarbeitet werden
4 = Eine erfolgreiche Aktivität, welche das angestrebte Ziel erreicht hat, schafft neue Motivationen

Lernmotivationen und Lernaktivitäten werden durch Erfolgserlebnisse gesteigert. Dieser Effekt ist umso gravierender, je kürzer der zeitliche Abstand zwischen der Lernanstrengung und ihrer Bewertung ist.

Die meisten Lernvorhaben sind mit sowohl positiven als auch negativen Komponenten besetzt. Dadurch entstehen gemischte Motivationen, die gleichzeitig Vermeidung und Zuwendung zu einem Problem verursachen. Dazu ein Beispiel:

Ein Fallschirmspringer soll das erste Mal springen. Er hat Angst vor dem Sprung und er hat Angst, sich vor den Kameraden zu blamieren. Erst der Zuruf aus dem Hintergrund („Memme") läßt ihn aus Angst vor dem Verlust der Anerkennung durch die Kameraden den Sprung wagen. Das Streben nach Erfolg und Prestige hat eine positive Motivation hervorgerufen und die negative Komponente der Angst vor dem Sprung verdrängt. Die anschließend gelungene Landung und das damit verbundene Erfolgserlebnis wirken sich nun positiv auf weitere Motivationen aus.

Es ist durch eine ganze Reihe von Untersuchungen bewiesen, daß positive Motivationen für Lernvorgänge den größeren Motivationseffekt bewirken als negative. Es ist also wichtig, positive Motivationen zu erzeugen.

Motivationshilfen:

☐ Besonders lernwirksame Motivationshilfen sind Interesse und Neugier. Die Erforschung unserer Umwelt durch Wissenschaftler wird von demselben Motiv geleitet.

    O Lernstoff, für den von vornherein ein gewisses Interesse besteht, wird leichter gelernt, als Stoff, dem man gleichgültig gegenübersteht.

    O Wird man durch Neugier zum Lernen „angetrieben", ist der Lernerfolg größer, da er auf freiwilliger Basis beruht.

    O Als wichtiger motivierender Faktor sei noch die Absicht aufgeführt, mit der man sich vornimmt, einen Lernstoff zu behalten.

☐ Die weitaus stärkste motivierende Kraft geht aber von der Belohnung aus, die mit der Leistung in unmittelbarem Zusammenhang stehen muß.

    O Verhaltensweisen werden gelernt, wenn sie durch Erfolg und Belohnung honoriert werden.

    O Die Belohnung muß in einem vernünftigen Verhältnis zur Leistung stehen.

    O Um wirksam zu sein, muß die Belohnung unmittelbar auf das gewünschte Verhalten folgen.

Wesentliche Erkenntnisse:

☐ Es ist erwiesen, daß der Erfolg beim Lernen nie größer sein kann, als die innere Einstellung und Bereitschaft dazu. Die Lernfähigkeit hängt also in erster Linie von der Bereitschaft ab, die ihrerseits ein gewisses Maß an Interesse voraussetzt.

☐ Es ist deshalb wichtig, Lernleistung und Lernmotivation zu verbessern. Mittel- und kurzfristige Teilziele sollten langfristigen Zielen vorgezogen werden, um dadurch häufigere Erfolgserlebnisse zu schaffen.

4.6.2 Die Konzentration

Unter Konzentration versteht man die Fähigkeit, sich mit ein und derselben Sache über einen bestimmten Zeitraum hinweg intensiv zu beschäftigen. Diese Fähigkeit ist nicht allen Menschen in gleichem Maße zu eigen und sollte deshalb durch Konzentrationshilfen und gezieltes Konzentrationstraining gefördert werden.

Konzentrationshilfen

☐ Unter Berücksichtigung der Tatsache, daß man nicht mehrere Dinge gleichzeitig tun kann, sollte man sich deshalb bewußt immer nur auf *eine* Aufgabe konzentrieren.

☐ Der Unfähigkeit, sich auf eine Arbeit zu konzentrieren und tatsächlich zu beginnen, begegnet man am besten, indem man zeitlich festgelegte Arbeitsphasen plant, diese konsequent einhält und durch Erholungsphasen trennt.

☐ Wichtig ist auch zu wissen, daß äußere und innere Störfaktoren die Konzentration erheblich mindern und deshalb beseitigt werden sollten.

☐ Um ein Nachlassen der Konzentrationsfähigkeit weitgehend zu verhindern sowie Ermüdungserscheinungen entgegenzuwirken, sollten die Tätigkeiten und die verschiedenen Arbeitsgebiete gewechselt werden, so daß nicht ein gleichmäßig monotones Arbeiten entsteht (nach vollendeter Schreibarbeit nicht wieder mit etwas Schriftlichem, sondern mit einer anderen Tätigkeit beginnen).

Konzentrationstraining

Sollte jedoch Konzentration das Problem überhaupt darstellen, hilft nur eine sorgfältige Analyse des eigenen Arbeitsverhaltens, um eine Behebung der vorhandenen Konzentrationsschwäche zu erreichen.

☐ Es ist eine Verhaltensanalyse durchzuführen und die tatsächliche Arbeitszeit festzustellen. Außerdem sind Störfaktoren zu ermitteln und Ursachen der Konzentrationsschwäche aufzudecken.

☐ Der auferlegte Zwang zur Selbstkontrolle bewirkt oft schon ein realistisches Einschätzen des eigenen Arbeitsverhaltens und eine Verbesserung der Konzentration.

☐ Außerdem sollte man sich vor Augen halten, daß sinnlos verschwendete Arbeitszeit weder der Arbeit einen Fortschritt bringt, noch einen Erholungswert besitzt. Daraus muß die Konsequenz gezogen werden, Arbeitsphasen konzentriert durchzustehen und Erholungsphasen als Belohnung ans Ende einer erfolgreichen Arbeitsphase zu stellen.

Es ist jedoch wichtig, die persönlichen Lernfähigkeiten realistisch einzuschätzen. Zu hochgesteckte, also unerreichbare Lernziele, überfordern nur kontinuierlich und bringen keinen sichtbaren Lernerfolg, sondern führen zu anhaltenden Enttäuschungen und Frustration.

4.6.3   Die Zeiteinteilung

Folgende Belastungen, hervorgerufen durch falsche Zeiteinteilung, treten besonders gravierend in Erscheinung und hemmen erfolgreiches Lernen:

☐ Schwierigkeiten, die Arbeit überhaupt erst einmal in Angriff zu nehmen.

☐ Planloses Übergehen von einer zur anderen Tätigkeit, ohne eine Aufgabe wirklich abzuschließen.

☐ Hinausschieben der Arbeit, da noch reichlich Zeit vorhanden ist, bis diese dann doch knapp wird und nur noch Zeit für eine unzureichende Leistung übrig bleibt.

☐ Ein schlechtes Gewissen, weil das nötige Arbeitspensum nicht geschafft wurde und die verstrichene Zeit hätte sinnvoller genutzt werden können.

Diese Belastungen mindern erheblich die Freude am Lernen; mangelnde Erfolgserlebnisse verhindern die notwendigen Lernantriebe und dies führt ohne der dringend benötigten Motivation schließlich zu Mißerfolgen.

Abhilfe: Lernen zu festgesetzten Zeiten bewirkt, daß bestimmte Stunden automatisch zu Reizauslösern für Lernphasen werden.

Zeitplanung

Eine sinnvolle Zeitplanung läßt sich mit relativ einfachen Mitteln durchführen:

☐ Arbeiten, die zu einem bestimmten Zeitpunkt zu erledigen sind, sollte man notieren. Dazu sind Merkzettel, Terminkalender oder auch Handzettel an einem Pinbrett geeignet.

☐ Nur solche Arbeiten sollten für eine bestimmte Zeit geplant werden, die auch tatsächlich in dieser Zeitspanne durchzuführen sind.

☐ Feste Arbeitszeiten sollten zur ständigen Gewohnheit werden und man sollte sich unbedingt an den vorgesehenen Arbeitsplan halten.

☐ Unter den zahlreichen zu erledigenden Tätigkeiten sollten Prioritäten gesetzt werden. Außerdem ist das Wesentliche vom Unwesentlichen zu unterscheiden.

☐ Um unvorhergesehene Arbeitsunterbrechungen mit einzukalkulieren, sollten gewisse Zeitreserven mitgeplant werden.

Eine sinnvolle Zeitplanung ist nur dann gegeben, wenn die geplanten Arbeits- und Erholungsphasen dem tatsächlichen Lebensrhythmus entsprechen und für Freizeit genügend Spielraum bleibt.

Selbstkontrolle

Um die eigene Zeitplanung zu kontrollieren und evtl. zu verbessern, sollte man eine Analyse des gegenwärtigen Tagesablaufes machen, um festzustellen, ob Raum für

- ○ zusammenhängende Lernphasen
- ○ richtig plazierte Erholungsphasen
- ○ ausreichende Schlafzeit
- ○ genügend Zeit für die Mahlzeiten
- ○ Zeitreserven (persönliche Freizeitgestaltung)

vorhanden ist.

Sinnvolle Zeitplanung bewirkt, daß die vorhandene Zeitkapazität so eingesetzt wird, daß mit ausreichender Flexibilität ein ausgewogenes Lern- und Arbeitsprogramm bewältigt werden kann. Sie bewirkt nicht nur, daß Lernphasen intensiviert werden, sondern sie schafft auch Freiräume für eine „Freizeit ohne Reue" und erholsame Wochenenden ohne Arbeitsdruck.

4.6.4   Die Organisation des Arbeitsplatzes

Der Arbeitsplatz des geistig Tätigen muß so ausgestattet sein, daß er eine motivierende und zur Arbeit anregende Atmosphäre vermittelt. Zwar macht auch der bestausgestattetste Arbeitsplatz das Lernen nicht überflüssig, aber er sorgt für eine gewisse Erleichterung beim Lernen.

Ausstattung des Arbeitsplatzes

☐ Der Schreibtisch sollte eine ausreichende Arbeitsfläche besitzen, um eine bessere Unterbringung der benötigten Materialien zu ermöglichen.

☐ Der Stuhl muß bequem sein, und man sollte ohne Ermüdungserscheinungen oder Rückenschmerzen einige Stunden darauf sitzen können.

☐ Eine gute Beleuchtung ist ebenfalls eine Voraussetzung für intensives Arbeiten.

Beseitigung von Störfaktoren

Bewußt oder unbewußt aufgenommene Störungen während der Arbeit wirken sich nachteilig auf die Qualität der Arbeit aus. Sie verschlechtern die Leistung und verringern die Konzentrationsfähigkeit. Ein ruhiger, störungsarmer Arbeitsplatz ist deshalb erforderlich.

Folgende vermeidbare Störfaktoren während der Arbeitszeit sind daher zu unterbinden:

- Telefonanrufe
- Besuche von Fremden
- Unterhaltung anderer Personen
- Fernsehsendungen
- Radiosendungen
- Besorgungen usw.

Geeignetes Arbeitsmaterial

Die notwendigen Arbeitsmaterialien sind eine unerläßliche Voraussetzung für einen gut organisierten Arbeitsplatz. Die jeweils notwendigen Materialien sollten immer griffbereit und in ausreichender Menge vorhanden sein. Dies gilt auch für fachbezogene und fachübergreifende Bücher, deren Auswahl sich nach den jeweiligen Interessenschwerpunkten richtet.

Ordnung schaffen

„Halte Ordnung, liebe sie, sie erspart Dir Zeit und Müh". Dieses alte, etwas angestaubte Sprichwort hat jedoch nach wie vor seine Berechtigung. Heute gibt es Ordnungssysteme, die dazu dienen, Informationen zu sammeln, zu speichern und laufend verfügbar zu halten. Es ist deshalb auch für den geistig Tätigen unerläßlich, ein eigenes, speziell auf seine Bedürfnisse bezogenes Ordnungssystem zu schaffen. Dies dient der Zeitersparnis und gewährleistet, daß vorhandene Informationen nicht untergehen, sondern sinnvoll ausgewertet werden können.

Zum Sammeln von verschiedenen schriftlichen Materialien eignen sich besonders:

- Karteien
- Ordner
- Schnellhefter
- Klarsichthüllen usw.

Durch Unterteilen mit beschrifteten farbigen Zwischenblättern können verschiedene Sachgebiete gegliedert werden und somit wird die Orientierung erleichtert.

Ordnung in diesem Sinne ist nicht Selbstzweck, sondern bewirkt, daß man mit sicherem, raschen Griff sofort das benötigte Material findet, ohne kostbare Zeit für Suchen aufzuwenden.

4.7 Lernen auf Prüfungen

Im folgenden wird eine kurze, prägnante Zusammenfassung der Vorgehensweisen beim Lernen speziell auf Prüfungen gegeben.

1. Beginn der Prüfungsarbeiten

☐ Effektive Mitarbeit von der 1. Stunde an.

☐ Klare Prüfungsstrategie erarbeiten
   ○ Einsatz von Hilfsmittel (z. B. Karteien, Personal-Computer),
   ○ Wiederholungen (kurz-, mittel-, längerfristig),
   ○ Vorbereitungen auf mögliche Prüfungsfragen.

2. Sachliche Gesichtspunkte bei der Prüfungsvorbereitung

☐ Einordnung des Themas,

☐ Sicherstellen der Nachvollziehbarkeit,

☐ Verknüpfung einzelner Themenschwerpunkte,

☐ Schwerpunkte des Prüfers,

☐ Praxisbezüge herstellen.

3. Methodische Gesichtspunkte bei der Prüfungsvorbereitung

☐ Einsatz unterschiedlicher Lerntechniken,

☐ Bilden von Arbeitsgemeinschaften,

☐ Themen der letzten Prüfungen,

☐ Absolvieren von Generalproben.

4. Hinweise für schriftliche Prüfungen

☐ Fragen aufmerksam durchlesen.

☐ Wichtige Details bei den Fragen unterstreichen.

☐ Fragen, die sicher beantwortet werden können, zuerst bearbeiten.

☐ Nach der Bearbeitung der Fragen die Antworten überfliegen und mit der Fragestellung nochmals vergleichen.

☐ Gegebenenfalls Ergänzungen vornehmen.

☐ Fragen, die bearbeitet sind, durchstreichen.

☐ Nur die Aufgaben lösen, die verlangt werden.

☐ Klar und themenrelevant schreiben.

5. Hinweise für mündliche Prüfungen

☐ Treten Sie selbstbewußt auf.

☐ Prüfen Sie, ob die Frage richtig verstanden wurde.

☐ Machen Sie bei umfangreichen Fragen deutlich, wie Sie diese beantworten werden.

☐ Sprechen Sie verständlich.

☐ Zeigen Sie Sicherheit.

Bei Prüfungen:
Treten Sie selbstbewußt
auf!

5. Erfolgskonzepte

5.1 Beschreibung unterschiedlicher Erfolgskonzepte

Eine persönliche Strategie ist heute notwendig, um ein erfolgreiches Leben führen zu können. Zahlreiche Persönlichkeiten aus dem öffentlichen Bereich, die im Leben Erfolg hatten, haben ihre Erfolgsstrategie analysiert und aufgezeichnet oder wurden von Literaten danach befragt. Diese Erfolgsstrategien können sich auf die

O Lebenseinstellung
O Lebensplanung
O Selbstanalyse und
O Selbstorganisation

beziehen.

Unter *Lebenseinstellung* versteht man die Fähigkeit, positiv zu denken, alles optimistisch zu sehen und konstruktiv und kritisch am eigenen Verhalten zu arbeiten.

Die *Lebensplanung* beinhaltet die angestrebten kurz-, mittel- und langfristigen Ziele, die als Motivatoren für die eigenen Handlungsweisen gelten und verhindern, daß man aus Mangel an persönlichen Zielsetzungen fremdbestimmt ist.

Die *Selbstanalyse* bezieht sich auf eine persönliche Situationsbeschreibung, welche die eigenen Stärken und Schwächen festhält.

Eine effiziente *Selbstorganisation* bedeutet für Erfolgsmenschen, ihre Aktivitäten so in den Griff zu bekommen, daß sie Zeit für das Wesentliche haben und nicht über Zeitnot und Arbeitsüberlastung klagen müssen.

5.2   Auswahl einzelner Erfolgsstrategien

Stellvertretend für die zahlreichen – seit Jahren bewährten – Erfolgskonzepte sollen die folgenden aufgeführt und von ihrer Zielsetzung her näher erläutert werden. In der synoptischen Darstellung sind noch weitere wesentliche Systeme aufgeführt.

5.2.1   Denis Waitley: Psychologie des Erfolgs

☐ Basis seiner Prinzipien sind u. a. Interviews mit Tausenden von erfolgreichen Menschen in der ganzen Welt.

☐ Insbesondere wurden Führungskräfte und Spitzenleute aus Wirtschaft und Verwaltung befragt.

☐ Die „Psychologie des Erfolgs" stellt 10 Eigenschaften heraus, die „die Aktiven, die Sieger, die Erfolgreichen, die Gewinner im Leben" kennzeichnen.

Eigenschaft Nr. 1: Positive Selbsterwartung

Thesen:

○ Seien Sie optimistisch und begeisterungsfähig!
○ Sie bekommen letzten Endes meist das, was Sie erwarten!
○ Aktuelle Forschungsergebnisse in der psychosomatischen Medizin bringen zum Ausdruck, daß die Krankheitsursache sehr eng mit der Art und Weise verknüpft ist, wie wir auf die sich uns stellenden Probleme im Alltag reagieren.
○ Lernen Sie, entspannt und freundlich zu bleiben, gleichgültig, unter welchem Druck und Streß Sie stehen.
○ Versuchen Sie, konstruktiv zu helfen, statt unkonstruktiv zu tadeln!
○ Positive Selbsterwartung erzeugt den inneren Schwung zum Handeln. Dieser führt zu positiver Selbstmotivation.

Eigenschaft Nr. 2: Positive Selbstmotivation

Thesen:

○ Menschen können sich nur erfolgreich ändern, wenn sie es auch wollen.
○ Motivation muß in Ihrem Innern verankert sein.

○ Inaktivität erzeugt Verzweiflung, die Sieger im Leben besitzen ein hohes Maß an Selbstmotivation.

○ „Ich kann es" – diese Aussage läßt sich auf 90% der Ihnen begegnenden Herausforderungen anwenden.

Eigenschaft Nr. 3: Positive Selbsteinschätzung

Thesen:

○ Einer Verhaltensänderung sollte eine Änderung Ihrer eigenen Selbsteinschätzung vorangehen.

○ Analysieren Sie Ihre größten Gaben und Schwachstellen.

○ Versuchen Sie die notwendigen Schlüsse auf Ihre Ziele hin zu ziehen.

○ Präsentieren Sie sich entsprechend Ihrer Selbsteinschätzung (Kleidung, Auto, Büro, Heim usw.).

Eigenschaft Nr. 4: Positive Eigenregie

Thesen:

○ Das Ziel ist der Motor, der Ihrem Leben Schwung gibt.

○ Sieger sind zielorientiert.

○ Legen Sie Lebensziele sowie kurz-, mittel- und langfristige Ziele fest!

○ Der Erfolgreiche hält sich an das, was ihn seinem Ziel näherbringt.

Eigenschaft Nr. 5: Positive Selbstkontrolle

Thesen:

○ Akzeptieren Sie, daß Sie für die meisten Auswirkungen und Geschehnisse Ihres Lebens selbst verantwortlich sind.

○ Weder Horoskope, Gurus, noch die Regierung und die Gesellschaft bestimmen Ihren Platz in der Welt – sondern Sie allein!

○ Ohne Verantwortung gibt es keine Freiheit.

○ Handeln Sie heute, nicht morgen.

○ Kontrollieren Sie Ihre Ziele.

Eigenschaft Nr. 6: Positive Selbstdisziplin

Thesen:

○ Sie sind in der Lage, wie Astronauten, Spitzensportler, große Schauspieler, begnadete Chirurgen und wirkliche Führungskräfte Ihre Aufgaben innerlich zu üben.

○ Nach jeder wichtigen Leistung sollten Sie ein Selbstgespräch führen und fragen „Was war gut, was war schlecht?"

○ Wenn Sie schlecht waren, dann sollten Sie die Leistung im Geiste nochmals nachspielen.

○ Seien Sie unermüdlich und ausdauernd im Verfolgen Ihrer Ziele.

Eigenschaft Nr. 7: Positive Selbstachtung

Thesen:

○ Echte Spitzenleute in der Wirtschaft haben einen tiefsitzenden Glauben an ihren eigenen Wert.

○ Bemühen Sie sich, sich in der Öffentlichkeit so darzustellen, wie es Ihrer Persönlichkeit entspricht.

○ Steigern Sie Ihre Anforderungen in bezug auf persönliche Erscheinung, Lebensstil, Benehmen, beruflichen Erfolg und Verhalten anderen gegenüber.

○ Verwenden Sie eine ermutigende, bejahende Sprache.

Eigenschaft Nr. 8: Positive Selbstdimension

Thesen:

○ Selbstdimension bedeutet sich einzufügen.

○ „Wenn Sie anderen zu Erfolg verhelfen, wird das Leben es Ihnen lohnen, die Sonne in Ihr Gesicht scheinen und den Wind von hinten wehen lassen."

○ Erfolgreiche praktizieren die Methode der Förderung ihres Umkreises, weil sie sich sagen: „Wenn ich ihnen gewinnen helfe, gewinne ich."

○ Erfolgsmenschen pflanzen schattenspendende Bäume, obwohl sie wissen, daß sie niemals unter ihnen sitzen werden.

○ Unterstützen Sie einen guten Zweck.

○ Tun Sie am nächsten Samstag etwas, was Sie schon seit Jahren tun wollten. Wiederholen Sie dieses Vorgehen einmal im Monat.

Eigenschaft Nr. 9: Positive Selbsterkenntnis

Thesen:

○ Jeder Mensch muß sein eigenes, für ihn zuträgliches Maß an Streß im Leben herausfinden.

○ Betrachten Sie sich mit den Augen der anderen.

○ Sehen Sie sich selbst objektiv mit eigenen Augen.

○ Reservieren Sie sich fünfzehn kostbare Minuten täglich für sich selbst.

Eigenschaft Nr. 10: Positive Selbstdarstellung

Thesen:

○ Erfolgsmenschen sind Spezialisten in wirksamer Kommunikation.
○ Drücken Sie positive Selbstachtung aus.
○ Sprechen Sie sich und anderen Mut zu.
○ Motivieren Sie sich und andere.
○ Stellen Sie sich selbst als Erfolgsmensch dar.

Positive Selbstdarstellung

5.2.2 Wolfgang Mewes: Energo-Kybernetische Strategie (EKS)

☐ Mewes entwickelte vor rund 3 Jahrzehnten einen damals weit verbreiteten Bilanzbuchhalter-Fernlehrgang. Dabei stieß er auf das Phänomen der immateriellen Werte, wie Unternehmens-Idee, Know-how, Goodwill, Kundenstamm, Image, Betriebsklima, Engagement der Mitarbeiter, Kreativität usw. Ihre Entwicklung bleibt bei den unternehmerischen Überlegungen weitgehend ausgeklammert. Dabei haben sie die deutliche Tendenz, für Ertrag, Wert und Entwicklung der Unternehmen zunehmend bestimmender zu werden.

☐ Mewes: „Den Wert eines Betriebes, wie es in der Bilanz geschieht, nach der Summe seines materiellen und finanziellen Vermögens zu berechnen ist genauso, wie wenn man den Wert eines Menschen nach dem Kilopreis für Frischfleisch berechnet. Die geistigen und seelischen Werte bleiben außer Betracht; sie aber sind die entscheidenden."

☐ Man hat im Verlaufe der letzten Jahrzehnte entdeckt, daß das immaterielle Vermögen dem materiellen und finanziellen Vermögen gegenüber nicht gleich-, sondern vorrangig, nämlich ursächlich ist: Wo man das immaterielle Vermögen eines Unternehmens konsequent verbessert, verbessern sich seine finanziellen und materiellen Vermögensverhältnisse von selbst.

☐ Beispiele solcher vornehmlich auf immateriellem Vermögen begründeten Unternehmen sind eine Vielzahl erfolgreicher Unternehmen, deren wichtigster Vermögenswert ein hochentwickeltes wirschaftliches Know-how ist, dessen Konzept sie weltweit auf Lizenzbasis von anderen ‚materialisieren' lassen.

☐ Auf der Suche, wie sich diese „immaterielle Strategie" noch verbessern läßt, stieß Mewes auf das Phänomen der Macht: Wie entsteht Macht? Er kam dabei auf das von Liebig in den biologischen Entwicklungsprozessen entdeckte Minimumgesetz: Dort hat derjenige die größte Macht über alle Vorgänge und Beteiligte, der den Minimumfaktor besitzt.

☐ Mewes zeigte auf, daß dieses Minimumgesetz auch in den wirtschaftlichen und sozialen Entwicklungsprozessen gilt. Auch dort hat derjenige die größte Macht über alle beteiligten Vorgänge, Menschen und Faktoren, der den für ihre Entwicklung notwendigsten Faktor besitzt oder am besten zu beschaffen vermag. (Beispielsweise erlangt in einer Gruppe, die in der Wüste zu verdursten droht, ganz automatisch derjenige die größte Macht, der über Wasser verfügt oder über die Fähigkeit es zu beschaffen.)

☐ Auf der Basis dieser Überlegungen entstand EKS-Strategie: Eine Methode, aufziehende Mängel frühzeitig zu erkennen, genauer zu analysieren und alle verfügbaren Kräfte präziser auf den Punkt des jeweils spürbarsten Mangels in seinem Markt zu konzentrieren.

☐ Je konsequenter ein Mensch oder Betrieb seine Kräfte auf die Lösung des jeweils brennendsten Problems einer bestimmten Gruppe, z. B. seines Marktes, konzentriert, desto sicherer und schneller erlangt er Macht, Kapital und Sicherheit. In diesem Punkt ihres spürbarsten Mangels nutzt er seiner Umwelt am stärksten und es entwickeln sich gleichzeitig sein Umsatz, seine Produktivität, sein Gewinn und seine Macht.

☐ Durch Erkenntnisse und Erfahrungen von Mewes und seiner Mitarbeiter wurde aus der Machtlehre eine Morallehre: Mewes zeigt auf, daß schon in der Vergangenheit diejenigen Menschen und Unternehmen die größte Wirkung und den größten persönlichen Erfolg hatten, die den Einsatz ihrer Kräfte nicht am eigenen Gewinn, sondern am spürbarsten Nutzen für ihre Umwelt orientierten (Beispiele: Henry Ford, Duttweiler, Bosch, Siemens).

☐ Je spürbarer der Nutzen für die Umwelt, desto größer ihre Nachfrage und desto größer der eigene Umsatz und Gewinn. Die EKS-Strategie von Mewes zeigt, daß sich derjenige am sichersten, schnellsten und dauerhaftesten entwickelt, der sich am konsequentesten auf die Lösung des jeweils dringendsten Problems seiner Umwelt konzentriert. Sie zeigt aber auch, daß und warum derjenige, der seine Macht gegen die Interessen seiner Umwelt einsetzt, diese und sich selbst zerstört.

☐ Das oberste Ziel der EKS-Strategie: „Nutze deiner Umwelt so spürbar, wie es unter den gegebenen Verhältnissen möglich ist, um dich unter ihrer wachsenden Nachfrage selbst optimal zu entwickeln", entspricht allen moralischen Anforderungen, die von der christlichen Lehre über Thomas von Aquin, Kant, Schopenhauer bis Kierkegaard, de Chardin, Jaspers und Heidegger an das Verhalten des Menschen gestellt worden sind. Es führt gleichzeitig zur optimalen Entwicklung des Einzelnen und des Ganzen. In ihm treffen Gemein- und Eigennutz konfliktlos aufeinander. Schon Sokrates hatte vermutet, daß es einen solchen Punkt gibt.

Die wichtigsten Schritte der EKS-Strategie

1. Stärkeanalyse

Sich die Eigenarten und Stärken, in denen man sich von seinen ‚Mitbewerbern' unterscheidet, deutlicher bewußt machen als das bisher geschieht.

Stellen Sie die Frage: „In welchen Eigenschaften unterscheide ich mich von meinen nächsten Mitbewerbern und in welchen speziellen Stärken bin ich ihnen überlegen?"

2. Chancenanalyse

3. Zielgruppenanalyse

4. Erfolgversprechende Teilzielgruppe

Aus der verschwommenen Gesamtzielgruppe die erfolgversprechendste Teilzielgruppe auswählen.

Das ist diejenige Teilgruppe, für die man erstens aufgrund seiner speziellen Eigenarten am besten geeignet, und die zweitens nach der Stärke ihres Bedarfs die erfolgversprechendste ist.

5. Problemanalyse

Das brennendste Problem dieser Teilzielgruppe herausschälen:

Die wichtigeren Probleme und Wünsche dieser Teilzielgruppe systematisch erfassen. Aus ihnen ist das Problem zu finden, das sie am brennendsten empfindet. Hier reagiert sie auf eine Angebotsverbesserung am positivsten, spontansten und stärksten, werden also die eigenen Überlegungen, Kräfte und Mittel am unmittelbarsten und höchsten entlohnt.

6. Problemlösung vom Geistigen oder Immateriellen her entwickeln

Von der energetischen statt der materiellen Seite in die Lösung dieses Problems und damit den Markt einsteigen:

Sich bei der Lösung jeweils auf Minimumfaktor und Minimumgruppe konzentrieren:

1. Strategie-Funktion übernehmen (d. h. Lösung zielgruppenorientiert)
2. Informationsverhältnisse verbessern
3. Komplette Problemlösungspakete, keine Einzellösung, entwickeln
4. Vorsprungs-Know-how lehren (Werbung: man gilt als der Beste)
5. Beratungsfunktion
6. Garantiefunktion
7. Kernteilproduktion (bestimmte, wichtige Teile nicht aus der Hand geben, alles andere kann delegiert werden bzw. können andere produzieren)
8. Franchising-System (kooperieren)

Zur Lösung des jeweils brennendsten Problems sind zahlreiche verschiedene Faktoren notwendig. Aus ihnen ist der Minimumfaktor und die

Gruppe derer, die über ihn verfügen, herauszuschälen. Nur das machen, was man selbst am besten kann – alles delegieren, was andere besser können!

Statt sich selbst stärker anzustrengen, andere Interessen nutzen. Die eigenen Hilfskräfte aus seiner Umwelt anzuziehen und mit ihrer Hilfe immer überlegenere Lösungen zu entwickeln, ist dagegen unbegrenzt.

7. Laufende Verbesserung der Problemlösung, die sich an einem sich ändernden Minimumfaktor orientiert

8. Entwicklung eines Leitbildes

Der Veränderung des brennendsten Problems seiner Zielgruppe folgend, sich in Richtung auf die konstante, soziale Grundaufgabe entwickeln:

Die Veränderung des brennendsten Problems markiert den Pfad der größtmöglichen Bedürfnis-Befriedigung. Er ist zugleich der Pfad der stärksten Zielgruppen-Resonanz und deshalb des größtmöglichen eigenen Erfolges. Auf ihm wachsen Umsatz, Gewinn, Vormachtstellung und Sicherheit am schnellsten und stärksten.

Entwicklung eines Leitbildes !

143

5.2.3 Großmann-Methode

☐ Die Großmann-Methode, die von Alexander Großmann in Grünwald und im Helfrecht-Studienzentrum in Bad Alexanderbad vermittelt wird (vgl. Helfrecht 85), beruht auf dem Grundsatz, daß jeder „seines Glückes Schmied" selbst ist, d. h. es liegt allein in seiner Hand, ob er im Leben erfolgreich ist oder nicht. Großmann beweist mit folgenden Thesen, daß man sein Leben selbst beeinflussen, ja weitgehendst selbst bestimmen kann.

☐ Eine seiner wichtigsten Thesen ist:
Selbstverwirklichung im ausgewogenen Nehmen und Geben – der höchste Anspruch, den ein Mensch anstreben kann!"

Selbstverwirklichung bedeutet im positiven Sinne, sich von der Fremdbestimmung durch andere zu lösen und eigene Ziele und Wege zu finden, die ganz allein seiner eigenen Vorstellung entsprechen und bei der Erreichung seiner Ziele auch seine eigenen Wege gehen. Für diese Ziele wird dann auch die notwendige Kraft und Energie vorhanden sein, weil es eben die eigenen Wünsche und Ziele sind, die man verwirklichen möchte und nicht jene von anderen auferzwungene Wünsche und Vorstellungen.

Ein ausgewogenes Geben und Nehmen gewährleisten:

○ Nutzen für die Gemeinschaft (für die Gemeinschaft eine optimale Leistung bringen)
○ Verwirklichung der eigenen Ziele (nur Ziele verfolgen, hinter denen man wirklich voll steht)
○ Für die eigene Leistung eine entsprechende Gegenleistung zu erhalten, die das persönliche Selbstwertgefühl steigert und zu neuen Zielen Anreiz gibt.

☐ Ein wichtiger Pfeiler des Großmann-Grundsatzes ist die These:
Methode schafft Erfolg

Allen interessierten Menschen ist es demnach möglich, ihr Können methodisch zu steigern!

Großmann hat eine Planungs- und Analyse-Methode entwickelt, die feststellt, welche Faktoren notwendig sind, um aus einer unerträglichen Lage eine neue, erträgliche, ja sogar gewünschte Situation zu schaffen.

○ Der Erfolgreiche verläßt sich nicht auf das Schicksal, er gründet seinen Erfolg darauf, daß sich nichts ereignet, was nicht verursacht wurde.
○ Daraus zieht er die Konsequenz, daß er soviel wie irgend möglich selbst verursachen muß.

○ Der Erfolglose sucht bei anderen und im sogenannten Schicksal den Grund seines Scheiterns, statt bei sich selbst und bei der wirklichen Ursache zu forschen. Indem er seinen Mißerfolg jedoch mit dem Hinweis auf unerreichbare „Schuldige" entschuldigt, statt die Ursache im eigenen Handeln und/oder Unterlassen zu suchen, programmiert er bereits den künftigen Mißerfolg.

Daraus ergibt sich folgende Konsequenz:

☐ Probleme und Schwierigkeiten machen den Erfolg nicht unmöglich, sondern können sogar wesentliche Vorbedingungen für Erfolg sein.

☐ Die erfolgreichsten Menschen hatten fast ausnahmslos große Schwierigkeiten und Probleme zu überwinden, um zum Erfolg zu gelangen. Sie wurden von folgenden Faktoren geprägt:

○ permanente Belastung durch Schwierigkeiten

○ Entwicklung einer Methode, um diese Schwierigkeiten zu meistern.

☐ Methodisch arbeiten heißt, den gewünschten Erfolg zwingend zu verursachen. Klare Analysen sind die Basis für die Realisierung der eigenen Wünsche.

☐ In einer Persönlichkeits-Analyse erfährt man mehr über die persönlichen „Ur-Sachen".

☐ Die Begabungs-Analyse hilft, besondere Stärken zu erkennen und zu vertiefen sowie Schwächen auszuschalten oder in Stärken umzuwandeln.

☐ Diese persönlichen Situations-Analysen sind wiederum eine wichtige Grundlage für die Gestaltung des künftigen Lebens. Wirkungen und Zusammenhänge müssen durchschaubar gemacht werden, der berufliche Ist- und Soll-Zustand ist zu ermitteln.

☐ Daraufhin müssen Ziel-Pläne erstellt werden, die notwendige innere Kräfte wie Kreativität, Ausdauer und Lebensfreude mobilisieren und aktivieren.

☐ Ziel-Pläne sind zu erstellen für

○ das Lebensziel,

○ das Periodenziel,

○ das Jahresziel.

☐ Ziele lassen sich optimal erreichen durch

○ konsequent methodisches Vorgehen und Handeln,

○ methodische Vorgehens-Planung und

○ mehr Effizienz durch Konzentration auf Hauptaufgaben.

☐ Planlosigkeit ist eine der Hauptursachen, weshalb viele Menschen ihre Ziele nicht erreichen! Nietzsche sagte schon: „Der Mensch muß zuerst ein Ziel haben, wenn ihm eine große Leistung gelingen soll!"

Zusammenfassend verlangt die Großmann-Methode im wesentlichen:

☐ Nicht auf das Schicksal bauen, sondern den Erfolg durch die Methode „keine Wirkung ohne Ursache" selbst bestimmen!

☐ Aus unerträglichen negativen Situationen neue – erträgliche und gewünschte positive Situationen herbeiführen!

☐ Erstrebenswerte Ziele schaffen, die Treibstoff für unseren Motor sind und oft höher als Wissen und Intelligenz einzustufen sind, denn ohne diese Energien sind intelligente Menschen erfolglos, und mit ihr haben selbst die Dümmsten Erfolg. Richtige persönliche Zielfindung ist deshalb zugleich „Energiefindung"!

☐ Nur die Konzentration auf ein oder wenige Ziele ermöglicht außergewöhnlichen Erfolg!

☐ Wer sich erfolgreich versorgt, kann Überfluß schaffen, anderen davon abgeben und dafür Gegenleistungen erwarten – das Prinzip vom „Geben und Nehmen" tritt in Kraft.

☐ Der Wert eines Menschen wird bestimmt durch den Wert, den er für die Gemeinschaft darstellt!

☐ Das Anerkennungsbedürfnis ist noch vor dem Besitzbedürfnis die weitaus stärkste Triebkraft für menschliche Leistungen. Der größte Teil menschlicher Leistungen wird nur um diese „Anerkennung in der Gesellschaft" willen erbracht!

☐ Für Aufgaben und Ziele, die wir als wertvoll erkannt haben, können wir uns sehr viel erfolgreicher einsetzen als für solche, an deren Wert wir bewußt oder unbewußt zweifeln.

Der Mensch muß ein Ziel haben, wenn ihm eine große Leistung gelingen soll!

5.2.4   Hirt-Methode

Von ähnlichen Prinzipien wie die Großmann-Methode geprägt ist eine
weitere Methode, die vor allem eine positive Lebenseinstellung vermittelt;
ein Fundament, auf dem sich ein sinnvolleres Leben aufbauen läßt. Die sogenannte „Hirt-Methode" wurde im Institut für optimale Arbeits- und Lebensgestaltung unter Leitung von Josef Hirt in Zürich konzipiert und ist
weitgehend ein Fernstudium.

Was ist die Hirt-Methode?

☐ Die Hirt-Methode vermittelt drei Dinge:
   ○ Wissen,
   ○ Methode und
   ○ Lebensphilosophie.

Sie setzt naturwissenschaftlich-psychologische Erkenntnisse und Gesetzmäßigkeiten nutzbringend in die tägliche Praxis um. Mit ihr löst man Probleme und Aufgaben, die sich geschäftlich, beruflich und im Privatleben
immer wieder stellen, leichter und schneller, besser und erfolgreicher.

Was bewirkt die Hirt-Methode?

☐ Sie zeigt Wege, das eigene Ich sinnvoll in Arbeit und Leben zu integrieren,

☐ mehr zu leisten, ohne dabei körperlichen oder seelischen Schaden zu
erleiden,

☐ zur Selbstverwirklichung zu gelangen.

Was ist das Ziel der Hirt-Methode?

☐ Die optimale Arbeits- und Lebensgestaltung.

☐ Nicht das Maximum, sondern das Optimum wird angestrebt. Also das
unter den gegebenen Umständen und in der gegebenen Zeiteinheit bestmögliche Ergebnis, und zwar in jeder Hinsicht, sowohl materiell als auch
seelisch-geistig. Es soll sowohl die Arbeit im engeren Sinne wie das Leben
als Ganzes harmonisch und erfolgreich gestaltet werden. Optimal bedeutet, daß jeder Mensch in seiner besonderen Lage und mit seinen besonderen Fähigkeiten das Bestmögliche aus seinem Leben machen kann und wie

er seine speziellen Umstände und Gegebenheiten seines eigenen Lebens analysieren, warten und planen kann, um zum Erfolg zu kommen.

Was ist die Basis der Hirt-Methode?

☐ Gesetzmäßigkeiten menschlicher Reaktionen und Motivationen werden aufgezeigt und auf neuropsychologischer Grundlage analysiert.

☐ Mit Hilfe eines Zeitplanbuches werden die Verfahren der Hirt-Methode in die Praxis umgesetzt, wobei das Planen selbst nicht zum Selbstzweck werden darf.

☐ Methodisches Erfassen und Beseitigen von Störfaktoren, Ablenkungen und geistig-seelischem Leerlauf, sind weitere Verfahren der Hirt-Methode.

☐ Der Stellenwert einer dynamischen Planung ist in diesem Modell beträchtlich.

☐ Ein wichtiger Pfeiler in der Hirt-Methode ist die dynamische Analyse oder die eigene Standortbestimmung. Sie führt zu folgenden Fragen:

a) Wie hat sich die Vergangenheit entwickelt?
b) Wie ist die Situation heute?
c) Welche Schlußfolgerungen und Verhaltensweisen oder Maßnahmen ergeben sich daraus für die Zukunft?

☐ Entspannung gilt als Wurzel der Kreativität, deshalb wird dem Verfahren der Somatisierung eine besondere Stellung eingeräumt.

Entspannung gilt als Wurzel der Kreativität

5.2.5   Kurt Nagel: Das ERFOLG-System

Bei dem nachstehend aufgeführten System des Autors lassen sich die Inhalte aus den einzelnen Buchstaben des Begriffes *Erfolg* ableiten. Dieses Konzept bezieht sich sowohl auf den unternehmerischen als auch auf den persönlichen Erfolg.

E = Eigeninitiative
+
R = Rücksichtnahme
+
F = Führung
+
O = Organisation
+
L = Leistung
+
G = Grundsätze

E = Eigeninitiative

Eigeninitiative ist schon immer der Antriebsmotor für alle Unternehmungen – ob geschäftliche oder private – gewesen. Deshalb bestimmt die persönliche Entschlußkraft auch die meisten Aktivitäten eines Menschen. Ohne Unternehmungsgeist sind Firmengründungen und persönliches Engagement nicht vorstellbar. Dabei sollte man bei der Eigeninitiative von folgenden Überlegungen ausgehen:

- Wo liegen meine/unsere Stärken?
- In welchen Eigenschaften unterscheide ich mich von meinen nächsten Mitbewerbern, und in welchen speziellen Stärken bin ich ihnen überlegen?
- Welche Zielgruppen sind aufgrund meiner speziellen Stärken die richtigen?
- Wo liegen die Probleme meiner Zielgruppen?
- Wie kann ich – gemeinsam mit den anderen – Problemlösungen erarbeiten?

R = Rücksichtnahme

Rücksichtnahme im persönlichen und beruflichen Umfeld ist heute verstärkt gegenüber den

   O Mitmenschen,
   O Kunden,
   O Lieferanten,
   O Kollegen und
   O der Öffentlichkeit

notwendig. Beherzigen Sie bei Ihren Bemühungen um Rücksichtnahme noch folgende Überlegungen:

○ Nutzen Sie der Umwelt, und Sie nutzen sich selbst!

○ Wenn Sie anderen zu Erfolg verhelfen, können Sie selbst auch nur gewinnen!

○ Erfolgsmenschen pflanzen schattenspendende Bäume, obwohl sie wissen, daß sie niemals unter ihnen sitzen werden.

○ Tun Sie von Zeit zu Zeit etwas, was Sie schon lange gegenüber Ihren Mitmenschen tun wollten!

○ Drücken Sie anderen gegenüber Ihre Selbstachtung aus!

○ Versuchen Sie, konstruktiv zu helfen, statt unkonstruktiv zu tadeln!

○ Intensivieren Sie durch individuelle Aufmerksamkeiten den Kontakt zu anderen!

F = Führung

Hier geht es vor allem darum, die Mitarbeitermotivation als wesentlichen Erfolgsfaktor zu sehen.

Machen Sie daher sich und Ihren Mitarbeitern klar:

○ Menschen können sich nur mit Erfolg ändern, wenn sie es auch wirklich wollen!

○ Motivation muß in ihrem Inneren verankert sein!

○ Die Erfolgreichen im Leben besitzen ein hohes Maß an Selbstmotivation.

○ Die Aussage „ich kann es" läßt sich auf die meisten persönlichen und im Geschäftsleben auftretenden Herausforderungen anwenden.

Legen Sie auch Wert darauf, daß im Rahmen Ihrer Führungsaufgaben folgende Überlegungen berücksichtigt werden:

○ Seien Sie Vorbild und vertreten Sie eine klare Linie!

○ Versuchen Sie, eine Identifikation Ihrer Mitarbeiter mit der Firma herbeizuführen!

○ Weichen Sie Konflikten nicht aus, sondern versuchen Sie, diese zu lösen!

○ Kommunikation ist eine Voraussetzung für eine gute zwischenmenschliche Beziehung!

○ Ermutigen Sie Ihre Mitarbeiter, neue Wege zu beschreiten!

○ Nehmen Sie sich Zeit für ein monatliches Führungsgespräch mit Ihren Mitarbeitern!

O = Organisation

Entscheidungen über die Organisation eines Unternehmens sind langfristig wirksam. Sie bestimmen sowohl die Struktur, in deren Rahmen die betrieblichen Prozesse abgewickelt werden (Aufbauorganisation), als auch die Struktur dieser Prozesse selbst (Ablauforganisation). Entscheidungen zur effizienten Selbstorganisation können jedoch sofort nach dem Einsatz der entsprechenden Maßnahmen greifen. Einmal eingefahrene Strukturen lassen sich aber nur schwer verändern. Falsche oder unzweckmäßige organisatorische (aber auch persönliche) Entscheidungen führen deshalb zu Fehlerquellen, die sich langfristig negativ auswirken.

Die persönliche Organisation und die eines Unternehmens bedürfen laufend Überprüfungen, um rechtzeitig die auftretenden Schwachstellen erkennen und Maßnahmen zu ihrer Beseitigung ergreifen zu können. Eine ursprünglich zweckmäßige Organisation kann daher unzweckmäßig werden und immer mehr Fehlerquellen offenbaren. Zahlreiche Unternehmen geben heute dafür ein Beispiel ab.
Neben den umfangreichen Organisationsänderungen sollte jeder Entscheidungsträger in der täglichen Arbeit auch an die ganz einfachen Handlungsweisen im Bereich der Selbstorganisation denken:

○ Beachten Sie bei Ihren Aktivitäten die 80:20-Regel (Pareto-Gesetz): In der Praxis werden meist 80 Prozent des zählenden Erfolgs aus nur 20 Prozent der Aktivitäten resultieren, während sich die restlichen 20 Prozent aus 80 Prozent der Aktivitäten ergeben. Das heißt, wenn Sie auf einer Liste mit 10 Aufgaben die beiden entscheidenden Aktivitäten erfüllt haben, ist Ihr Gesamterfolg bereits zu 80 Prozent gesichert.
○ Setzen Sie Prioritäten!
○ Unordnung ist der Konzentration abträglich!
○ Nehmen Sie jedes Papier möglichst nur einmal zur Hand!
○ Machen Sie vom Papierkorb eifrig Gebrauch!
○ Schreiben Sie jeden Brief nur einmal!
○ Unerledigtes sichtbar machen – für jeden Vorgang eine Klarsichthülle!
○ Arbeiten Sie bei der Lösung von größeren Problemen nach der Methode der Schweizer-Käse-Technik: „Bohren" Sie bei allen passenden Gelegenheiten Löcher in die zu lösende Aufgabe. Dadurch ist es möglich, innerhalb von wenigen Minuten den Einstieg in einen größeren Aufgabenkomplex zu realisieren bzw. die Problemlösung voranzutreiben.

L = Leistung

Letztendlich bestimmt die Nachfrage nach der Leistung den Erfolg des Unternehmens und auch den persönlichen Erfolg. Leistung wird durch eine Vielzahl von Faktoren bestimmt. Prüfen Sie doch einmal Ihr Unternehmen bezüglich

○ der Pünktlichkeit der Lieferzusagen,
○ der Qualität der Produkte,
○ des Kundenservice,

151

○ des Images,
○ der Preisgestaltung

usw.

Bevor Sie bei diesem Erfolgsfaktor größere Aktivitäten entfalten, prüfen Sie, ob Leistung im täglichen Umgang mit den Kunden genügend gezeigt wird. Nachstehend sei dies durch einige Beispiele verdeutlicht:

○ die Art, wie Chef und Mitarbeiter mit Kunden und Lieferanten umgehen und verhandeln,
○ die Art, wie Mitarbeiter sich am Telefon verhalten,
○ die persönliche Erscheinung der Firmenmitglieder,
○ die Art, wie Fehler in Ordnung gebracht und Reklamationen behandelt werden,
○ die Art, wie man über das eigene Geschäft spricht.

Um die Kundenwünsche noch besser kennenzulernen und damit die Leistung stärker zu praktizieren, könnten Maßnahmen durchgeführt werden wie:

○ Kundenbefragungen,
○ Kundenanalysen,
○ Mitarbeiterumfragen,
○ umfassende Beratungsfunktionen,
○ Aufzeigen von spezifischen Problemlösungen.

G = Grundsätze

Persönliche Grundsätze und eigene Wertvorstellungen sind die Grundlage aller Handlungsweisen, die es im Hinblick auf ihre Gültigkeit ständig zu überprüfen gilt. In zahlreichen Untersuchungen kommt aber auch zum Ausdruck, welche Bedeutung Geschäftsgrundsätze für den Unternehmenserfolg haben. Es kommt nicht von ungefähr – dies haben mehrere Erhebungen gezeigt – daß jene Unternehmen in den letzten Jahren am erfolgreichsten waren, die unter anderem über Geschäftsgrundsätze und ein klares Zielsystem verfügten.

Es erscheint notwendig, daß jede effiziente Unternehmung zunächst feste Grundsätze haben muß, auf welchen die Unternehmenspolitik aufbaut und die letztendlich das Handeln des Inhabers und seiner Mitarbeiter bestimmen. Geschäftsgrundsätze bilden den Rahmen für das betriebliche Entscheidungsfeld. Sie sind oberstes Gesetz einer Organisation, an dem festgehalten werden muß.

5.3   Die bekanntesten persönlichen Erfolgskonzepte in einer Synopse

Erfolgs-Konzept von	Ziel	Inhalt	Voraussetzungen
Mewes:	Nutzen der Umwelt bieten, bedeutet erhöhten Eigennutzen.	Alle Kräfte auf den Punkt des jeweiligen dringensten Bedarf richten.	Beachtung des Minimumgesetzes.
Großmann:	Selbstverwirklichung durch ausgewogenes Geben und Nehmen.	Jeder kann seinen persönlichen Erfolg selbst bestimmen.	Erfolg durch ○ Zielpläne und ○ Persönlichkeits-analyse zwingend verursachen.
Hirt:	Nicht das Maximum, sondern das Optimum anstreben.	Gesetzmäßigkeiten der menschlichen Verhaltensweisen und Leistungssteigerung durch psychotherapeutische Verfahren.	Optimale Arbeits- und Lebensgestaltung.
Waitley:	Durch Selbstmanagement Gewinner werden.	Sich selbst als Erfolgsmenschen sehen, bedeutet bereits, erfolgreich zu sein.	Positive Einstellung zur eigenen Person.
Seiwert:	Selbstmanagement durch Selbstorganisation.	Lebensplanung durch Selbstmanagement-Funktionen.	Selbstdisziplin und Willenskraft.
Peale:	Erfolg durch eine positive Lebenseinstellung.	Lebensrichtlinien für eine optimistische und positive Grundhaltung.	Alle Lebensprobleme positiv bewältigen.
Garfield:	Ein Spitzenkönner hat die Meisterschaft und nicht nur das nächste Spiel im Auge.	Erfolgsmenschen haben einen untrüglichen Riecher für Möglichkeiten, Chancen zu ihren Gunsten zu beeinflussen.	Vorliebe vor Sachkenntnisse stellen und sich keine unnötigen Grenzen setzen.
Bürkle:	Entwickeln einer optimalen Karriere-Strategie und Berufszielfindung.	Effiziente Schritte zur Profilierung der eigenen beruflichen Entwicklung.	Seine Denkweisen auf den eigenen Erfolg konzentrieren.
Nagel:	Das Unternehmen bzw. die eigene Persönlichkeit flexibler, innovativer und erfolgreicher machen.	Realisierung der harten (Strategie, Organisation, Information) und der weichen (Führung, Kommunikation, externe Orientierung) Erfolgsfaktoren.	Notwendigkeit einer vernetzten Denkweise, da sich alle Erfolgsfaktoren gegenseitig beeinflussen.

Erfolgs-Konzept von	Ziel	Inhalt	Voraussetzungen
Selye:	Streßfreie Lebens-bewältigung.	Ursachen und Entstehung von Streßfaktoren und deren effiziente Bekämpfung.	Umwandeln von negativem Distreß in positiven Eustreß durch Ändern der eigenen Denkweisen.
Mandino:	Persönlicher Lebenserfolg durch ein tägliches Trainingsprogramm.	10 Schriftrollen, deren Leitsätze unbegrenzten persönlichen Erfolg versprechen.	Konsequente Einhaltung des persönlichen Erfolgstagebuches.
Stielau-Pallas:	Erfolg durch persönliches Selbsttraining anhand der Zehn Gebote.	Sein Leben auf den Grundsätzen der biblischen Gebote – im übertragenen Sinne – aufbauen.	Vertrauen in die eigenen Fähigkeiten haben und den festen Willen zum persönlichen Erfolg.
de Bono:	Die Realisierung eines geplanten Ziels.	Strategien und Taktiken erfolgreicher Menschen.	Erfolg durch Prinzipien und positive Grundhaltung verursachen.
Hill/Stone:	Persönlichen Erfolg durch eine positive Geisteshaltung erreichen.	Erfolgsprinzipien und Lebenserfahrungen erfolgreicher Persönlichkeiten.	Sich eine positive Geisteshaltung zur moralischen Pflicht machen.

Neueste Erkenntnis:

... Sein Leben auf den Grundsätzen der biblischen Gebote aufbauen!

6. Zusammenhänge zwischen persönlichem und unternehmerischem Erfolg

Das Thema der erfolgreichen Unternehmensführung ist schon immer ein zentrales Anliegen der Managementlehre. Seit Jahrzehnten wird dieses Problem in Literatur und Praxis diskutiert – und gerade in den letzten Jahren sind eine solche Vielzahl von empirischen Untersuchungen zu den Erfolgsfaktoren von Unternehmungen erschienen, die deutlich zum Ausdruck bringen, daß es klare Kriterien für exzellente Unternehmensführung gibt. Analysiert man die Gemeinsamkeiten dieser Erhebungen, dann lassen sich vereinfacht die folgenden Erfolgsfaktoren erkennen (siehe hierzu das Buch des Autors „Die 6 Erfolgsfaktoren").

1. Geschäftsgrundsätze und Ziel-/Kontrollsysteme
2. Strategieorientierte Organisation
3. Verstärkte Nutzung des Mitarbeiter-Potentials
4. Effizientes Führungssystem
5. Marktnahes Informations- und Kommunikationssystem
6. Praktizierte Kundennähe

Die 6 Erfolgsfaktoren des Unternehmens

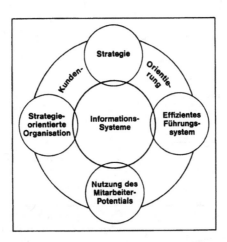

Die Einbindung der Erfolgsfaktoren ist durch die Kundenorientierung und die Informationssysteme gegeben (siehe Abbildung). Die Kundenorientierung wird zwar seit rund zwei Dekaden verstärkt propagiert und gefordert, dennoch spricht die Unternehmenspraxis häufig eine andere Sprache. In der heutigen Zeit wird deshalb vorgeschlagen, daß es wesentlich sinnvoller ist, den Kunden im Mittelpunkt des Denkens zu sehen und die Kosten im Rahmen des betriebswirtschaftlich Notwendigen zu optimieren, als ein absolutes Kostendenken dem Kundeninteresse überzuordnen. Es ist mehr und mehr notwendig, in den Gehirnstrukturen der Kunden und wiederum deren Kunden zu denken.

Eine wesentliche Unterstützung erfahren alle Erfolgsfaktoren durch effiziente Informations- und Kommunikationssysteme. Gerade dieser Erfolgsfaktor rückt immer mehr in den Vordergrund unternehmerischer Aktivitäten. Der Nutzen dieser Systeme wird nicht nur in den erzielbaren Rationalisierungschancen gesehen, sondern vorwiegend als Wettbewerbsfaktor bei der Realisierung innovativer Marktchancen.

Vergleicht man die in dieser Ausarbeitung vorwiegend behandelten persönlichen Erfolgsfaktoren mit den 6 Erfolgsfaktoren des Unternehmens, dann läßt sich ein hoher Grad an Übereinstimmung feststellen, wie aus der folgenden Abbildung hervorgeht. Eine solche Übereinstimmung belegt auch die Richtigkeit der verschiedenen Erfolgskonzepte; sind diese doch sowohl für den persönlichen als auch den unternehmerischen Bereich ausgerichtet.

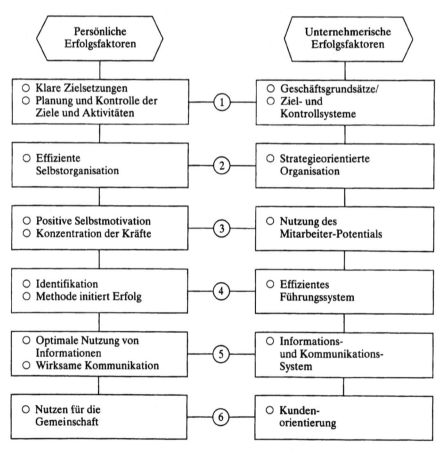

Zusammenhänge zwischen persönlichem und unternehmerischem Erfolg

Das vom Verfasser entwickelte System der 6 Erfolgsfaktoren hat seine Bewährungsprobe in der Praxis längst bestanden. In zahlreichen Unternehmensberatungen wurde das Modell der 6 unternehmerischen Erfolgsfaktoren eingesetzt.

Die Frage, in welchem Umfang sich die unternehmerischen Erfolgsfaktoren auf den persönlichen Bereich übertragen lassen, wurde durch differenzierte Literatur-Recherchen, Gespräche mit Management- und Personalberatern und Diskussionen mit Seminarteilnehmern positiv beantwortet. Es sei hier stellvertretend Mewes zitiert, der feststellt: „Warum sollte das was im Unternehmen gilt, nicht für die persönliche Erfolgsstrategie gelten?"

Vor diesem Hintergrund analysierte der Autor rund 200 Strategien, Prinzipien und Systeme für den persönlichen sowie unternehmerischen Erfolg und ordnete diese – in dem gleichnamigen Buch – den entsprechenden Erfolgsfaktoren zu. Damit entstand ein praxisorientierter Werkzeugkasten, der zum Erreichen von persönlichen und unternehmerischem Erfolg eingesetzt werden kann. Er enthält unter anderem für den persönlichen Bereich die wichtigsten Strategien der Persönlichkeitsplanung und die essentiellen Erkenntnisse im positiven Umgang mit anderen. Im unternehmerischen Bereich geht es um Werkzeuge für

- ○ klare Unternehmensstrategien,
- ○ Strategie-orientierte Organisationsgestaltungen,
- ○ die verstärkte Nutzung des Mitarbeiter-Potentials,
- ○ adäquate Führungssysteme,
- ○ effiziente Informations- und Kommunikationssysteme und
- ○ bestens praktizierte Kundennähe.

Mit den richtigen Erkenntnissen und passenden Werkzeugen sind die Weichen sowohl für den persönlichen als auch den unternehmerischen Erfolg gestellt.

Mit den richtigen Erkenntnissen und den passenden Werkzeugen sind die Weichen für den Erfolg gestellt!

Zu dem Erfolgssystem und dem Werkzeugkasten wurden vom Autor auch PC-Programme entwickelt. Hervorzuheben sind die beiden PC-Produkte „Strategische Unternehmensanalyse und Unternehmensberatung (SUBER)“ und „Persönliche Erfolgsanalyse (PERTAN)“!

Die Zielgruppen für das PC-Programm SUBER sind Wirtschaftsunternehmen (unabhängig von der Branche und der Unternehmensgröße), beratende Berufe und Institutionen, Verbände und Kreditinstitute sowie Aus- und Weiterbildungsinstitutionen. Dieses Programm enthält die folgenden 6 Module:

1. Bilanz-Analyse (6 Geschäftsjahre, 35 Kennzahlen)
2. Analyse der generellen Erfolgsfaktoren
3. Analyse der spezifischen Erfolgsfaktoren
4. Analyse der Kundenmeinungen
5. Quicktest
6. Analyse der künftigen Erfolgspositionen

SUBER erlaubt somit eine effiziente Unternehmensanalyse nach verschiedenen Kriterien (siehe Abb. „Strategische Unternehmensanalyse und -beratung“).

Das Programm PERTAN wurde für die persönliche Erfolgsanalyse entwickelt. Es weist folgende Struktur auf (siehe Abb. „Persönliche Erfolgsanalyse“):

1. Situations-Analyse
2. Analyse der generellen Erfolgsfaktoren
3. Analyse der spezifischen Erfolgsfaktoren
4. Analyse der Rollenbilder / Teamanalyse

Nähere Informationen können dem Programmverzeichnis (siehe Literaturverzeichnis) entnommen werden. Damit wurde das System der Erfolgsfaktoren um eine weitere Säule ergänzt (siehe die folgende Abbildung). Durch eine ständige Überprüfung in der Praxis werden auch die in diesem Buch fixierten Aussagen verifiziert.

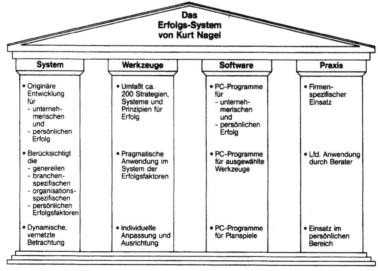

Das Erfolgs-System von Kurt Nagel

System	Werkzeuge	Software	Praxis
• Originäre Entwicklung für - unternehmerischen und - persönlichen Erfolg	• Umfaßt ca. 200 Strategien, Systeme und Prinzipien für Erfolg	• PC-Programme für - unternehmerischen und - persönlichen Erfolg	• Firmenspezifischer Einsatz
• Berücksichtigt die - generellen - branchenspezifischen - organisationsspezifischen - persönlichen Erfolgsfaktoren	• Pragmatische Anwendung im System der Erfolgsfaktoren	• PC-Programme für ausgewählte Werkzeuge	• Lfd. Anwendung durch Berater
• Dynamische, vernetzte Betrachtung	• Individuelle Anpassung und Ausrichtung	• PC-Programme für Planspiele	• Einsatz im persönlichen Bereich

Zusammenhänge zwischen persönlichem u. unternehmerischem Erfolg

Das PC-Programm "Strategische Unternehmensanalyse und -beratung"

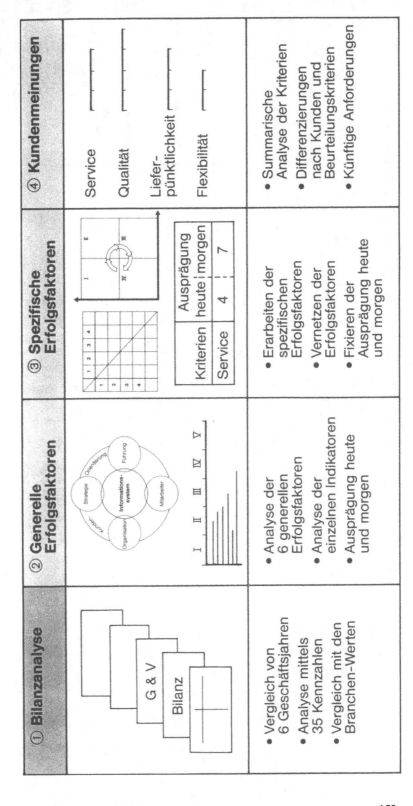

① **Bilanzanalyse**

- Vergleich von 6 Geschäftsjahren
- Analyse mittels 35 Kennzahlen
- Vergleich mit den Branchen-Werten

② **Generelle Erfolgsfaktoren**

- Analyse der 6 generellen Erfolgsfaktoren
- Analyse der einzelnen Indikatoren
- Ausprägung heute und morgen

③ **Spezifische Erfolgsfaktoren**

- Erarbeiten der spezifischen Erfolgsfaktoren
- Vernetzen der Erfolgsfaktoren
- Fixieren der Ausprägung heute und morgen

④ **Kundenmeinungen**

Service
Qualität
Liefer-pünktlichkeit
Flexibilität

- Summarische Analyse der Kriterien
- Differenzierungen nach Kunden und Beurteilungskriterien
- Künftige Anforderungen

159

Das PC-Programm "Persönliche Erfolgsanalyse"

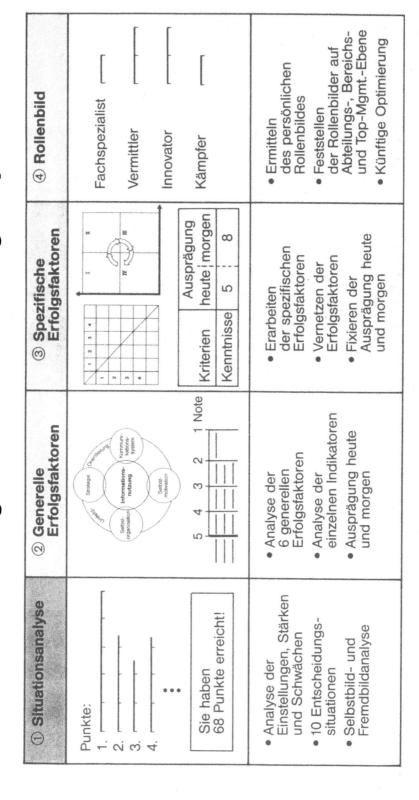

① Situationsanalyse	② Generelle Erfolgsfaktoren	③ Spezifische Erfolgsfaktoren	④ Rollenbild
Punkte: 1. 2. 3. 4. ... Sie haben 68 Punkte erreicht!	5 4 3 2 1 Note	Ausprägung Kriterien · heute ¦ morgen Kenntnisse · 5 ¦ 8	Fachspezialist Vermittler Innovator Kämpfer
• Analyse der Einstellungen, Stärken und Schwächen • 10 Entscheidungs- situationen • Selbstbild- und Fremdbildanalyse	• Analyse der 6 generellen Erfolgsfaktoren • Analyse der einzelnen Indikatoren • Ausprägung heute und morgen	• Erarbeiten der spezifischen Erfolgsfaktoren • Vernetzen der Erfolgsfaktoren • Fixieren der Ausprägung heute und morgen	• Ermitteln des persönlichen Rollenbildes • Feststellen der Rollenbilder auf Abteilungs-, Bereichs- und Top-Mgmt.-Ebene • Künftige Optimierung

Übungsteil

7. Tests zur erfolgreichen Persönlichkeits-Entwicklung

Einführung

Der Verfasser hat sich intensiv mit der Frage auseinandergesetzt, was beruflichen und persönlichen Erfolg ausmacht. Die Analysen zahlreicher Erfolgssysteme und empirischer Untersuchungsergebnisse führten zu diesem Testsystem. Zwar gibt es mit Sicherheit kein allgemeingültiges Patentrezept für Erfolg, aber jeder einzelne kann aus der Fülle von Erfolgskonzepten eine auf seine individuellen Bedürfnisse abgestimmte Erfolgsstrategie entwickeln. Die zahlreichen Methoden und Erfolgsprinzipien können zwar nicht generalisiert werden, es ist jedoch unbestritten, daß es eine Reihe von Kriterien gibt, die bei Erfolgsmenschen stärker ausgeprägt sind.

Wie können Sie sich nun zu einer erfolgreichen Persönlichkeit entwickeln?

Zu Beginn einer erfolgreichen Persönlichkeitsentwicklung muß die Erkenntnis stehen, daß eine Notwendigkeit besteht, die eigene Persönlichkeit weiterbilden zu wollen sowie der aufrichtige Wunsch, dies auch in die Tat umzusetzen.

Erkenntnisse über die eigene Persönlichkeit sind demzufolge die Voraussetzung für eine erfolgreiche Persönlichkeitsentwicklung. Nur wer wirklich weiß, wo er steht, kann auch bestimmen, wo er künftig stehen will bzw. wo er hingehen will!

Die beste Möglichkeit, die eigene Persönlichkeit – mit all ihren Stärken und Schwächen – kennenzulernen, sind effiziente Persönlichkeits-Analysen. Diese Analysen haben aber nichts mit einem persönlichen Werturteil zu tun – Ihre Ergebnisse sind deshalb weder gut bzw. positiv noch schlecht bzw. negativ. Ziel dieser Übungen und Tests ist es vielmehr, Ihnen eine Hilfestellung zu geben beim Herausfinden Ihrer Stärken und Schwächen, Ihre natürlichen Begabungen zu erkennen und Ihnen brauchbare Hinweise zu geben, wie Sie Ihre Stärken erfolgreich weiterentwickeln und Ihre Schwächen abbauen können.

Dabei hängt die Genauigkeit dieser Tests von Ihrer absoluten Ehrlichkeit ab – lassen Sie sich deshalb nicht durch Wunschdenken beeinflussen und seien Sie absolut ehrlich zu sich selbst. Sie können Ihre Persönlichkeit nur dann erfolgreich weiterentwickeln, wenn Sie Ihre Schwächen ehrlich zugeben und vor sich selber ganz offenlegen. Denken Sie daran: etwas, das „perfekt" zu sein scheint, braucht man auch nicht zu ändern! Da die Tests teilweise ohne große Schwierigkeiten zu durchschauen sind, gilt hier eine besonders große Selbstdisziplin beim Antworten. Wenn Sie sich jedoch vor Augen halten, daß es keine „richtigen" oder „falschen" Antworten gibt, sondern nur Antworten, die Ihnen bei der erfolgreichen Persönlichkeitsentwicklung weiterhelfen, sollte die Aufrichtigkeit vor sich selber kein allzu großes Problem darstellen.

Ihr Ziel sollte sein

- Ihre persönlichen Stärken und Schwächen zu erkennen,

- die eigenen Genzen, die durch unbewußte Annahmen über sich selbst entstehen, zu überwinden und

- eine positive Lebenseinstellung zu entwickeln, die Erfolg als persönlich „machbar" ansieht.

Eine erfolgreiche Persönlichkeitsentwicklung ermöglicht folgende Vorgehensweise:

1. Schritt: Selbsterkenntnis

d. h. das Erkennen der persönlichen Stärken und Schwächen, Begabungen, Fähigkeiten und Fertigkeiten

2. Schritt: Wertehierarchie

d. h. sich ein persönliches Wertesystem aufbauen

3. Schritt: Selbstentwicklung

d. h. die Erkenntnisse aus den Schritten eins und zwei innerhalb der eigenen Möglichkeiten und Grenzen umzusetzen.

Bei der Umsetzung der Vorschläge zu einer erfolgreichen Persönlichkeitsentwicklung, die sowohl den beruflichen als auch den persönlichen Erfolg beinhaltet, kann anhand des nachstehenden Konzeptes vorgegangen werden.

Dieses System konzentriert sich auf die folgenden Schwerpunkte (siehe Abbildung):

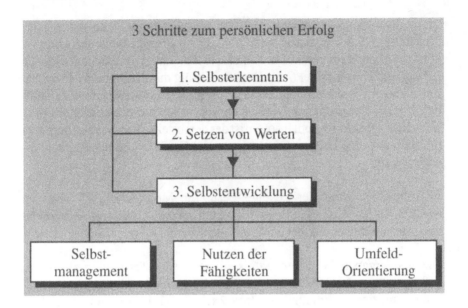

1. erfolgreiches Selbstmanagement
   durch

   • Lebensstrategie- und Zielplan-Entwicklung
     (Erfolgsfaktor 1)

   • Selbstorganisation anhand rationeller Arbeitsmethodik
     (Erfolgsfaktor 2)

2. erfolgreiches Nutzen der Fähigkeiten
   durch

   • effizientes lebenslanges Lernen
     (Erfolgsfaktor 3)

   • positive Selbstmotivation
     (Erfolgsfaktor 4)

3. erfolgreiche Umfeldoptimierung
   durch

   • optimale Gesprächsführung und effektive Kommunikation
     (Erfolgsfaktor 5)

   • Verbesserung der zwischenmenschlichen Beziehungen
     (Erfolgsfaktor 6)

Diese Schwerpunkte decken auch die nachstehenden Tests ab, die als Einführungs-Tests in das diesen Aussagen zugrunde liegende Erfolgskonzept anzusehen sind. Der Verfasser hat das von ihm entwickelte Erfolgssystem in Kapitel 6 des Buches „Erfolg durch effektives Arbeiten, Entscheiden, Vermitteln und Lernen" dargestellt. Aus diesem wird deutlich, daß es im persönlichen Bereich im wesentlichen die oben aufgeführten sechs Erfolgsfaktoren sind. Insofern ist das dargestellte Testsystem kongruent mit dem auf empirischen Ergebnissen und Erfahrungen beruhenden Erfolgssystem.

Im folgenden erhält der geneige Leser die Möglichkeit, 15 Tests zu absolvieren. Die Einordnung der Tests geht aus der Abbildung „Übersicht über die Strukturierung der 15 Tests" hervor.

Die Testaufgaben 1 – 6 decken als ein generelles Testsystem alle sechs Erfolgsfaktoren ab. Diese Tests haben die gleiche Struktur [jeweils 10 Fragen mit einer Beurteilungsskala von sehr gut (1) bis mangelhaft (5)]. Es wird empfohlen, die Testaufgaben 1 – 6 geschlossen zu erarbeiten und die Tests gemeinsam auszuwerten. Die Testergebnisse geben dann Hinweise auf die Ausprägung der drei Selbstentwicklungskategorien bzw. auf die sechs persönlichen Erfolgsfaktoren.

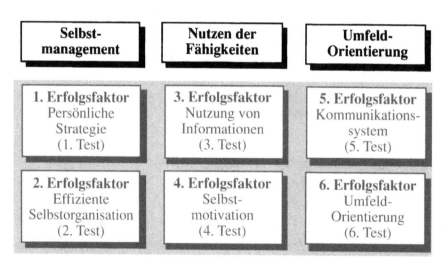

Übersicht über die Tests 1 – 6.

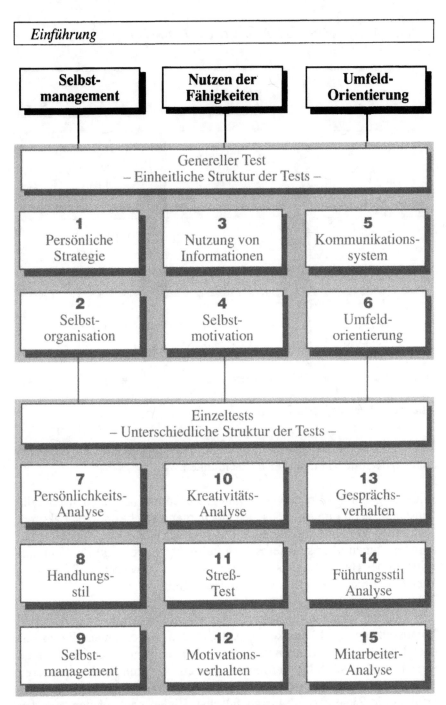

Übersicht über die Strukturierung der 15 Tests.

Die Tests 7 bis 15 haben eine unterschiedliche Struktur. Sie enthalten je nach der gestellten Problematik einen mehr oder weniger umfangreichen Fragenkatalog. Auch ist die Auswertung der Tests nicht einheitlich. Nachstehend werden die Tests 7 bis 15 den drei Selbstentwicklungskategorien zugeordnet.

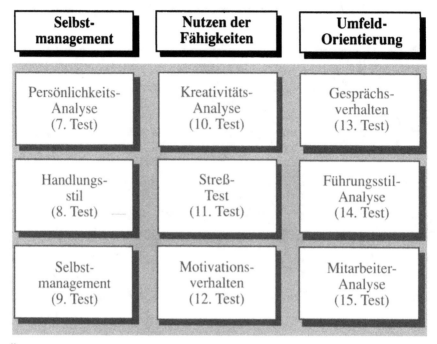

Selbst-management	Nutzen der Fähigkeiten	Umfeld-Orientierung
Persönlichkeits-Analyse (7. Test)	Kreativitäts-Analyse (10. Test)	Gesprächs-verhalten (13. Test)
Handlungs-stil (8. Test)	Streß-Test (11. Test)	Führungsstil-Analyse (14. Test)
Selbst-management (9. Test)	Motivations-verhalten (12. Test)	Mitarbeiter-Analyse (15. Test)

Übersicht über die Tests 7 – 15.

Es bleibt dem Leser überlassen, ob er alle Tests machen möchte oder sich auf ausgewählte Themenkreise beschränken will.

Wie erfolgreich Ihr Leben verläuft, liegt ganz allein bei Ihnen! Weder die Umstände, noch Ihre Mitmenschen, noch irgendwelche anderen Faktoren bestimmen Ihr Leben. Sie selber sind es, mit Ihren Gedanken, Vorstellungen und Annahmen über sich selbst. Sie haben Ihr Leben und Ihre Zukunft selbst in der Hand – und es ist äußerst wichtig zu wissen, daß Sie ganz alleine bestimmen können, wie erfolgreich Sie sind!

Mit Hilfe der folgenden Tests erhalten Sie Einblicke in Ihre individuellen Voraussetzungen, Möglichkeiten und Grenzen. Sie erkennen die wirklichen Ursachen von Erfolgen und Mißerfolgen und verstehen, wie Erfolge erreicht und Mißerfolge vermieden werden. Aufgrund dieses besseren Wissens über sich selbst können Sie realistischere und damit gleichzeitig erfüllbarere Ziele setzen, anstatt falschen Zielen nachzujagen, die den Mißerfolg bereits vorprogrammiert haben.

Wenn Sie bereit sind, die nachstehenden Analysen und Tests in Angriff zu nehmen, dann beherzigen Sie bitte folgenden Spruch:

„Ehrlichkeit gegenüber dem Feind ist ein KANN, gegenüber dem Freund ein *SOLL,* gegenüber sich selbst aber ein *MUSS!*

Es ist unbestritten, daß in jedem Menschen ein enormes Potential für massive Persönlichkeits- und Leistungssteigerung steckt. Mögen diese Tests dazu beitragen, das in Ihnen vorhandene Potential systematisch zu erkennen und zu nutzen.

Am Ende dieser Tests muß aber das *Machen* stehen! Der Erfolgreiche verläßt sich nicht auf das Schicksal, er gründet seinen Erfolg darauf, daß sich nichts ereignet, was nicht verursacht wurde. Daraus zieht er die Konsequenz, daß er soviel wie irgend möglich selbst verursachen muß. Der Erfolglose sucht bei anderen und im sogenannten Schicksal den Grund seines Scheiterns, anstatt bei sich selbst und bei den wirklichen Ursachen zu forschen. Wesentlich ist, daß man bei allem methodisch vorgeht, um den gewünschten Erfolg zwingend zu verursachen. Klare Analysen sind dabei die Basis für die Realisierung der eigenen Wünsche.

Ein besonderes Kennzeichen erfolgreicher Menschen ist, daß sie ganz sie selbst sind – sie ahmen nicht andere nach, sondern entwickeln entscheidend die eigenen Stärken.

Anhand Ihres selbst erstellten Persönlichkeits-Profils können Sie nun erkennen, wo Sie noch stark entwicklungsfähig sind und in welchen Bereichen Ihre Persönlichkeit bereits erfolgreich ausgeprägt ist.

1. Test – Erfolgsfaktor Persönliche Strategie

Vergeben Sie für die folgenden Fragen Noten (1 = sehr gut, 2 = gut, 3 = befriedigend, 4 = ausreichend, 5 = mangelhaft). Tragen Sie die Note in die einzelnen Kästchen ein und ermitteln Sie anschließend die Durchschnittsnote pro Erfolgsfaktor.

1. Ist Ihre Grundeinstellung gegenüber Ihrer eigenen Person und Ihrem Umfeld positiv? ....

2. Haben Sie eine klare kurz-, mittel- und langfristige Zielsetzung? ....

3. Treffen Sie nur Entscheidungen, die Sie Ihren konkret formulierten Zielen näherbringen? ....

4. Unterziehen Sie Ihre Ziele und Aktivitäten einer laufenden Selbstkontrolle? ....

5. Verwirklichen Sie vorwiegend die eigenen Ziele und lassen sich nicht fremdbestimmen? ....

6. Führen Sie von Zeit zu Zeit eine Situations-Analyse Ihrer eigenen Persönlichkeit durch? ....

7. Fördern Sie Ihre Stärken und bekämpfen Sie Ihre Schwächen systematisch? ....

8. Ist Ihre persönliche und berufliche Strategie umfeldorientiert? ....

9. Praktizieren Sie Selbstverwirklichung nur im ausgewogenen Geben und Nehmen? ....

10. Sehen Sie Rückschläge als eine Herausforderung an und lernen Sie aus Ihren Fehlern? ....

Notendurchschnitt:

2. Test - Erfolgsfaktor Effiziente Selbstorganisation

Vergeben Sie für die folgenden Fragen Noten (1 = sehr gut, 2 = gut, 3 = befriedigend, 4 = ausreichend, 5 = mangelhaft). Tragen Sie die Note in die einzelnen Kästchen ein und ermitteln Sie anschließend die Durchschnittsnote pro Erfolgsfaktor.

1. Nutzen Sie Ihre Zeit effizient? ....

2. Führen Sie regelmäßig eine selbstkritische Analyse Ihres Zeitmanagements durch? ....

3. Planen Sie Ihre Aktivitäten und setzen Sie Prioritäten?...

4. Kontrollieren Sie alle Maßnahmen und Aktivitäten auf deren Effizienz? ....

5. Setzen Sie adäquate Methoden/Techniken/Hilfsmittel zur Selbstorganisation ein? ....

6. Arbeiten Sie zielstrebig und mit Selbstdisziplin systematisch und konzentriert bis zur Finalisierung einer Aufgabenstellung? ....

7. Schließen Sie alle Vorhaben, Aufgaben und Projekte termingerecht und ergebnisorientiert ab? ....

8. Vermeiden Sie sowohl Unordnung als auch Perfektionismus bei der Durchführung aller Aufgabenstellungen? ....

9. Schieben Sie nichts, das getan werden muß, auf die lange Bank, sondern erledigen Sie es immer sofort? ...

10. Hinterfragen Sie von Zeit zu Zeit die Effizienz Ihrer persönlichen Arbeitstechniken? ....

Notendurchschnitt:

3. Test - Erfolgsfaktor Optimale Nutzung von Informationen

Vergeben Sie für die folgenden Fragen Noten (1 = sehr gut, 2 = gut, 3 = befriedigend, 4 = ausreichend, 5 = mangelhaft). Tragen Sie die Note in die einzelnen Kästchen ein und ermitteln Sie anschließend die Durchschnittsnote pro Erfolgsfaktor.

1. Wissen Sie, daß der persönliche Erfolg auch von einer gezielten Informationsaufnahme, -verarbeitung und -auswertung beeinflußt wird? ....

2. Ist Ihnen bewußt, daß ein Wissensvorsprung gleichzeitig auch einen Wettbewerbsvorteil darstellt? ....

3. Nutzen Sie alle gegebenen Möglichkeiten zur persönlichen Aus- und Weiterbildung? ....

4. Kennen Sie effiziente Lerntechniken und wenden Sie diese lern- und behaltensfördernden Methoden bei der Wissensaufnahme auch an? ....

5. Schaffen Sie sich wirksame Antriebe für eine optimale Wissensaufnahme? ....

6. Nutzen Sie die große Speicherkapazität und Leistungsfähigkeit Ihres Gehirns ausreichend? ....

7. Verlassen Sie beim Lernen eingefahrene Denkstrukturen, die der Umlernfähigkeit (Rigidität) im Wege stehen? ...

8. Beachten Sie bei der Informationsaufnahme die Notwendigkeit komplexen und vernetzten Denkens? ....

9. Nutzen Sie die Ihnen zur Verfügung stehenden Informationen und unterstützen Sie dabei auch andere? ....

10. Achten Sie darauf, das aufgenommene Wissen in der Praxis auch innovativ umzusetzen? ....

Notendurchschnitt:

4. Test - Erfolgsfaktor Positive Selbstmotivation

Vergeben Sie für die folgenden Fragen Noten (1 = sehr gut, 2 = gut, 3 = befriedigend, 4 = ausreichend, 5 = mangelhaft). Tragen Sie die Note in die einzelnen Kästchen ein und ermitteln Sie anschließend die Durchschnittsnote pro Erfolgsfaktor.

1. Ist Ihr persönliches Bedürfnis nach einer sinnvollen Betätigung stark ausgeprägt? ....

2. Glauben Sie, daß eine positive Selbstmotivation die stärkste Antriebskraft für menschliche Leistungen darstellt? ....

3. Haben Sie eine hohe Erwartungshaltung an Ihre eigene Leistungsfähigkeit? ....

4. Begründen Sie Ihre persönliche Leistungserwartung nur auf Ihren tatsächlich vorhandenen Fähigkeiten/ Fertigkeiten? ....

5. Verfügen Sie über ein stark ausgeprägtes Selbstver- trauen? ....

6. Nutzen Sie Ihre vorhandenen Stärken durch Schaffen von motivierenden Anreizen? ....

7. Schaffen Sie sich optimale Leistungsmotivationen durch eine entsprechende Belohnung? ....

8. Machen Sie Ihr Arbeitsverhalten nicht von äußeren Rahmenbedingungen abhängig, sondern motivieren Sie sich intrinsisch, d. h. durch Begeisterung für die Aufgabe? ....

9. Wissen Sie, daß Erfolg den wirksamsten Leistungs- verstärker darstellt? ....

10. Ist Ihnen bewußt, daß eine optimale Nutzung der eigenen Fähigkeiten/Fertigkeiten nur durch eine systematische Weiterbildung möglich ist? ....

Notendurchschnitt:

5. Test - Erfolgsfaktor Wirksames Kommunikationssystem

Vergeben Sie für die folgenden Fragen Noten (1 = sehr gut, 2 = gut, 3 = befriedigend, 4 = ausreichend, 5 = mangelhaft). Tragen Sie die Note in die einzelnen Kästchen ein und ermitteln Sie anschließend die Durchschnittsnote pro Erfolgsfaktor.

1. Sind Sie der Meinung, daß Erfolgsmenschen eine wirksame Kommunikation beherrschen müssen? ......

2. Ist Ihre verbale und nonverbale Kommunikation stimmig? ....

3. Vermitteln Sie Ihren Gesprächspartnern das Gefühl, daß diese für Sie einen hohen Stellenwert besitzen? ....

4. Vermeiden Sie es, Vorurteile zu haben, d. h., aufgrund von einem Minimum an Informationen über einen Gesprächspartner ein Maximum an Schlußfolgerungen zu ziehen? ....

5. Geben Sie Ihren Mitmenschen ein ausreichendes und qualitativ hochwertiges Feedback? ....

6. Versuchen Sie, Konflikte immer zur Zufriedenheit aller Beteiligten zu lösen? ....

7. Gehen Sie bei Verhandlungen auch auf die Bedürfnisse und Erwartungen Ihrer Gesprächspartner ein und versuchen, alles auch aus deren Sicht zu betrachten? ....

8. Kritisieren Sie andere konstruktiv, d. h., auf die Sache bezogen und nicht personenbezogen? ....

9. Nehmen Sie Hinweise anderer zu Ihrem eigenen Verhalten konstruktiv und positiv auf? ....

10. Achten Sie bei allen Gesprächen und Verhandlungen immer auf beidseitigen Nutzen und ermöglichen damit nur Gewinner? ....

Notendurchschnitt:

6. Test - Erfolgsfaktor Umfeldorientierung

Vergeben Sie für die folgenden Fragen Noten (1 = sehr gut, 2 = gut, 3 = befriedigend, 4 = ausreichend, 5 = mangelhaft). Tragen Sie die Note in die einzelnen Kästchen ein und ermitteln Sie anschließend die Durchschnittsnote pro Erfolgsfaktor.

1. Kennen Sie die konkreten Ziele Ihres Umfeldes (z. B. Familienmitglieder, Kollegen, Vorgesetzte, Kunden) und denken Sie bei der Realisierung Ihrer Ziele auch an die Ziele anderer? ....

2. Sind Ihnen die wesentlichen Erkenntnisse der menschlichen Verhaltensweisen und die Prozesse, die sich auf der Beziehungsebene abspielen, bekannt?...

3. Übernehmen Sie bei der Beurteilung anderer keine allgemeingültigen Annahmen, sondern machen Sie sich immer Ihr eigenes Bild? ....

4. Überzeugen Sie Ihr Umfeld durch Kompetenz, Verständnis und Identifikation mit der Problemstellung? ..

5. Beachten Sie bei Problemlösungen und innovativen Ansätzen auch die Auswirkungen auf Ihr Umfeld/ die Umwelt? ....

6. Drücken Sie sich mündlich/schriftlich eindeutig, verständlich und prägnant aus und versuchen Sie, Ihre Botschaften an andere durchschaubar zu vermitteln? ....

7. Ist Ihnen bekannt, daß die Grundeinstellung Ihrer Mitmenschen oft von frühen, sie prägenden Lebenserfahrungen abhängig ist? ....

8. Achten Sie darauf, daß die Verständigung mit Ihrem Umfeld eine mehrdimensionale Angelegenheit ist? ......

9. Wissen Sie, daß es Ihnen nur dann gut geht, wenn es auch Ihrem Umfeld gut geht? ....

10. Haben ethische Grundsätze gegenüber Ihrem Umfeld für Sie einen hohen Stellenwert? ....

Notendurchschnitt:

7. Test –
Persönlichkeits-Analyse

	Ja	Teilw.	Nein
1. Sind mir meine persönlichen Stärken bewußt?	5	3	0
2. Sind mir meine persönlichen Schwächen bewußt? ..	5	3	0
3. Ist mein Leben selbstbestimmt, d. h. lebe ich nach meinen eigenen Vorstellungen, Richtlinien und Zielsetzungen?	5	3	0
4. Ist mein Leben fremdbestimmt, d. h. lebe ich nach den Vorstellungen oder Vorgaben anderer und kommt mein Denken damit aus zweiter Hand?	0	3	5
5. Plane ich meine kurz-, mittel- und langfristigen Ziele konsequent und methodisch?	5	3	0
6. Konzentriere ich mich auf die Hauptaufgaben und widme ihnen meine überwiegende Zeit?	5	3	0
7. Fühle ich mich den Anforderungen meines Berufes gewachsen?	5	3	0
8. Bewege ich mich in meinem Aufgabenfeld nur innerhalb meiner eigenen Grenzen?	0	3	5
9. Gestalte ich mein Aufgabenfeld aufgrund meiner Fähigkeiten und Neigungen und nicht nach der Erwartungshaltung meiner Umwelt?	5	3	0
10. Besitze ich Kenntnis über die eigenen Denkabläufe? (d. h. denke ich eher analytisch, mathematisch-abstrakt, linear, logisch, rational und detailliert oder eher ganzheitlich, analog, intuitiv, kreativ, symbolisch und emotional)	5	3	0

	Ja	Teilw.	Nein

11. Stelle ich mir laufend Fragen wie   5   3   0
    – Was ist für mich wirklich wichtig?
    – Warum bin ich so, wie ich bin?
    – Was mache ich in meinen Augen falsch?
    – Wie kann ich mich positiv ändern?

12. Treffe ich berufliche Entscheidungen selbständig
    und aufgrund ausreichender sachlicher Information?   5   3   0

13. Werden meine persönlichen Entscheidungen im
    Leben vorwiegend durch die Erwartungshaltung
    anderer beeinflußt und von der Meinung der
    Umwelt bestimmt?   0   3   5

14. Realisiere ich meine persönlichen und beruflichen
    Vorhaben durch   5   3   0
    – Eindeutige Zielsetzung
    – Erstellen von Plänen
    – Setzen von Prioritäten
    – Organisation des Ablaufs
    – Kontrolle der Ergebnisse?

15. Sehe ich im Eigennutzen auch gleichzeitig
    Nutzen für die anderen?   5   3   0

16. Konzentriere ich meine Kräfte auf die Lösung der
    jeweils dringendsten Probleme meiner Umwelt? ...   5   3   0

17. Lege ich besonderen Wert auf gute zwischen-
    menschliche Beziehungen?   5   3   0

18. Ist meine Einstellung zu den Mitmenschen und zu
    meinem Umfeld positiv?   5   3   0

19. Gehe ich einem Konflikt mit meiner Umwelt
    aus dem Weg?   0   3   5

20. Setze ich mich bei der Suche nach Problem-
    lösungen aufgrund meiner von mir selbst angenom-
    menen Kompetenz stets durch?   0   3   5

	Ja	Teilw.	Nein
21. Bin ich bereit, auf meine Verhandlungspartner einzugehen, auch wenn ich dabei Abstriche bei meinen eigenen Zielen machen muß?	5	3	0
22. Suche ich die Ursachen meines Mißerfolgs bei anderen bzw. in meinem Umfeld?	0	3	5
23. Bin ich bereit, ständig Neues zu lernen und bin ich von dieser Notwendigkeit auch überzeugt?	5	3	0
24. Erwarte ich von allen meinen Tätigkeiten und Unternehmungen, daß ich sie erfolgreich abschließe?	5	3	0
25. Bin ich als Persönlichkeit mutig und stark genug, in dieser Eigenanalyse meine Fehler zu erkennen und sie mir einzugestehen, um aus ihnen zu lernen und verbesserungswürdige Persönlichkeits- bereiche herauszufinden?	5	3	0

Anmerkungen zum Test Nr. 7 „Persönlichkeits-Analyse“:

- Tragen Sie die Ergebnisse Ihrer Antworten in das Auswertungsblatt „Persönliches Stärken-/Schwächen-Profil" ein.

- Kennzeichnen Sie die Antworten auf jede Frage mit einem Punkt in einer der 3 Spalten.

- Verbinden Sie die Punkte zu einer Fieberkurve.

- Aus dieser Kurve werden die Stärken und Schwächen in optischer Form sichtbar.

- Werten Sie dieses Profil systematisch aus.

- Planen Sie Maßnahmen und Aktivitäten zur erfolgreichen Persön- lichkeitsentwicklung.

- Setzen Sie diese systematisch um.

Persönliches Stärken-/Schwächen-Profil

	0 Punkte	3 Punkte	5 Punkte
1.			
2.			
3.			
4.			
5.			
6.			
7.			
8.			
9.			
10.			
11.			
12.			
13.			
14.			
15.			
16.			
17.			
18.			
19.			
20.			
21.			
22.			
23.			
24.			
25.			

8. Test - Handlungsstil

Der folgende Fragebogen, der auf den bewährten Arbeiten von Honey/ Mumford basiert, führt zu einer Selbstanalyse, deren Auswertung Ihnen Hinweise gibt, welchen Denkstil Sie im Laufe Ihres Lebens entwickelt haben und welche Handlungsweisen Sie dadurch bevorzugt einsetzen. Die Analyse hat nichts mit einem Werturteil von „gut" oder „schlecht" zu tun. Ziel dieser Übung ist es vielmehr, Ihnen Hinweise zu geben, Ihre Stärken gewinnbringend einzusetzen und um Ihre Schwächen zu wissen.

Beim Durcharbeiten des Fragebogens gibt es kein Zeitlimit. Sie werden wahrscheinlich zehn bis fünfzehn Minuten dafür brauchen. Die Genauigkeit der Ergebnisse hängt davon ab, wie ehrlich Sie sein können. Es gibt weder falsche noch richtige Antworten. Lassen Sie sich nicht durch Wunschdenken beeinflussen. Antworten Sie so, wie Sie in den „meisten" Fällen denken oder handeln.

Bei Aussagen, mit denen Sie im großen und ganzen übereinstimmen, kreisen Sie bitte die Nummer ein; Aussagen, die Sie eher ablehnen oder zu denen Sie sich nicht äußern können, lassen Sie „unberührt". Markieren Sie bitte deutlich, um die Auswertung zu erleichtern.

1. Ich verzichte oft auf die gebotene Vorsicht, wenn ich das Risiko für angemessen halte.

2. Ich löse für gewöhnlich Probleme Schritt für Schritt und vermeide dabei jeden Gedankenflug.

3. Ich habe meine besten Ideen, wenn ich gerade nichts tue.

4. Ich erlebe häufig, daß es genauso vernünftig ist, Dinge „aus dem Bauch" zu entscheiden, wie durch sorgfältiges Nachdenken und durch Analyse.

5. Am wichtigsten ist, ob etwas in der Praxis funktioniert.

6. Wenn ich von einer neuen Idee oder einem neuen Ansatz höre, dann fange ich sofort an zu probieren, wie man dies in der Praxis anwenden kann.

7. Wissen „warum" ist für mich wichtiger als „wie".

8. Ich bin stolz darauf, eine gründliche und methodische Arbeit zu leisten.

9. Mit logisch und analytisch denkenden Menschen komme ich besser aus als mit spontanen, „irrationalen" Menschen.

10. Ich bin vorsichtig mit der Interpretation von Daten, die mir vorliegen und vermeide es, voreilige Schlüsse zu ziehen.

11. Ich treffe Entscheidungen sorgfältig, meistens nachdem ich viele Alternativen gegeneinander abgewogen habe.

12. Ich fühle mich von neuartigen, ungewöhnlichen Ideen eher angesprochen als von praktischen Ideen.

13. Ich mag keine „offenen Enden", sondern ziehe es vor, Dinge nach einem zusammenhängenden Muster einzuordnen.

14. Meine Handlungen basieren auf einem allgemein gültigen Prinzip.

15. In Diskussionen komme ich geradewegs zur Sache.

16. Ich ziehe es vor, so viele Informationsquellen zu benutzen wie nur irgend möglich; je mehr Daten zum Nachdenken, desto besser.

17. Leichtfertige Leute, die die Dinge nicht ernst genug nehmen, stören mich im allgemeinen.

18. Ich reagiere auf Ereignisse lieber auf flexible, spontane Art, statt die Dinge vorauszuplanen.

19. Es beunruhigt mich, wenn ich eine Arbeit hastig erledigen muß, um einen knappen Termin einzuhalten.

20. Ich neige dazu, Ideen anderer aufgrund ihres praktischen Nutzens zu beurteilen.

21. Es stört mich oft, wenn jemand Hals über Kopf in eine Sache einsteigen will.

22. Es ist wichtiger, den gegenwärtigen Moment zu genießen, als über die Vergangenheit oder die Zukunft nachzudenken.

23. Ich bin der Ansicht, daß Entscheidungen, die auf einer gründlichen Analyse aller verfügbaren Informationen basieren, vernünftiger sind als jene, die auf Intuition beruhen.

24. Vieles, was wichtig ist im Leben, kann nicht mit Worten ausgedrückt werden.

25. Im großen und ganzen rede ich mehr als ich zuhöre.

26. Es macht mir manchmal Spaß, Regeln zu durchbrechen oder Dinge zu tun, die ich nicht tun sollte.

27. Ich höre gerne meine eigene Stimme.

28. Ungewöhnliche Ideen und Konzepte interessieren und fesseln mich.

29. Ich mag es, über viele Alternativen nachzugrübeln, bevor ich mich zu etwas entschließe.

30. In Diskussionen mit anderen Leuten stelle ich oft fest, daß ich am wenigsten leidenschaftlich bin, aber versuche, objektiv zu sein.

31. Bei Besprechungen ist es eher wahrsscheinlich, daß ich mich im Hintergrund halte, als daß ich vorangehe und viel rede.

32. Insgesamt höre ich lieber zu als daß ich rede.

33. Meistens glaube ich, daß der Zweck die Mittel heiligt.

34. Tagträumen hat mir den Anstoß zur Lösung vieler wichtiger Probleme gegeben.

35. Es würde mir Spaß machen, einen ganzen Tag alleine mit meinen Ideen zu sein.

36. Methodisches, detailliertes Arbeiten geht mir schnell auf die Nerven.

37. Ich bin darauf erpicht, grundlegende Annahmen, Prinzipien und Theorien zu erkunden, aus denen man die Sachlage und die Ereignisse erklären kann.

38. Ich mag es, wenn man bei Besprechungen einen roten Faden hat und sich an die festgelegte Tagesordnung hält.

39. Ich gehe subjektiven und interpretierbaren Themen lieber aus dem Weg.

40. Ich genieße das Dramatische und die Aufregung einer Krisensituation.

Auswertung des Fragebogens:

Für jede von Ihnen eingekreiste Aussage gibt es einen Punkt, den Sie nach dem unten gezeigten Schema einem der Denk- und Handlungsstile zuordnen. Nicht eingekreiste Aussagen bleiben unberücksichtigt. Zählen Sie die Punkte je Denk- und Handlungsstil zusammen und markieren diese Summenwerte auf den jeweiligen Achsen der Grafik. Verbinden Sie die Punkte auf den Achsen mit vier geraden Linien und Sie haben Ihr Profil.

Zuordnung der Fragen (Nr.)

Theoretiker	Kontrolliert Handelnde	Innovator	Intuitiv Handelnde
2.	8.	3.	1. ....
7.	10.	5.	4. ....
9.	11.	6.	12. ....
13.	16.	15.	18. ....
14.	19.	20.	22. ....
17.	21.	26.	24. ....
30.	23.	28.	25. ....
37.	29.	33.	27. ....
38.	31.	34.	36. ....
39.	32.	35.	40. ....
Summe:			
....	....	....	....

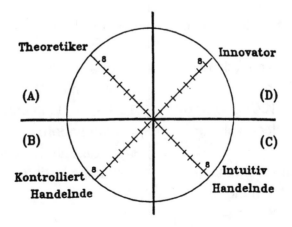

A

- sammelt Fakten
- analysiert die Situation rational
- löst Probleme auf logische Weise
- argumentiert rational
- beruft sich auf Zahlen und Werte
- versteht technische Zusammenhänge
- berücksichtigt finanzielle Aspekte

D

- sieht den großen Zusammenhang
- toleriert Unsicherheit und Unwägbares
- erkennt neue Chancen und Möglichkeiten
- löst Probleme intuitiv
- kann Ideen und Konzepte integrieren
- stellt etablierte Verfahren in Frage
- setzt Phantasie ein

Denk- und Verhaltensstile

- geht die Schwierigkeiten praktisch an
- entdeckt versteckte Probleme
- bleibt beharrlich bei der Sache
- führt mit Kontrolle und fester Hand
- liest das Kleingedruckte
- entwickelt detaillierte Pläne
- achtet auf Termine und Zeitplanung

- erkennt zwischenmenschliche Probleme
- spürt Reaktionen anderer Menschen
- respektiert ethische Werte
- begegnet anderen Menschen mit Wärme
- ist mitreißend und überredet andere
- reagiert auf Körpersprache anderer

B

C

9. Test – Effizientes Zeitmanagement

Erfolgsmenschen sind meist auch erfolgreiche Manager ihrer Zeit. Sie haben es geschafft, ihre Aktivitäten so in den Griff zu bekommen, daß sie Zeit für das Wesentliche haben und nicht über Zeitnot und Arbeitsüberlastung klagen müssen. Da die vorhandene Zeit ein wichtiges Gut ist und sie die absolute Grenze der menschlichen Möglichkeiten darstellt, sollte man meinen, daß mit diesem wertvollen Rohstoff besonders sorgsam umgegangen wird – das Gegenteil ist aber häufig der Fall!

Finden Sie anhand der beiden folgenden Test-Varianten heraus, wie effizient Ihr persönliches Zeitmanagement ist.

Bei der *1. Test-Variante* gehen Sie wie folgt vor:

1. Vergeben Sie für jede Frage die Ihrer Ansicht nach richtige Punktzahl.

2. Addieren Sie die Punkte zu einer Gesamtsumme.

3. Aus den nachstehenden Punktegruppen können Sie Hinweise über die Effizienz Ihrer Zeitmanagements erhalten:

0 – 25 Punkte:
Sie betreiben keine effiziente Zeitplanung und lassen im wesentlichen andere über Ihre Zeit bestimmen. Viel kostbare Zeit geht Ihnen auf diese Weise verloren.

26 – 50 Punkte:
Sie sind bestrebt, Ihre Zeit in den Griff zu bekommen, sind in der Durchführung aber nicht konsequent genug.

51 – 65 Punkte:
Sie betreiben ein gutes Zeitmanagement und sollten sich auch in den restlichen Bereichen zu verbessern suchen.

66 – 75 Punkte:
Sie sind ein Vorbild für alle, die Zeitprobleme haben und sollten andere von Ihren Erfahrungen im effizienten Zeitmanagement profitieren lassen.

Bei der *2. Testvariante* empfiehlt sich folgende Vorgehensweise:

1. Ermitteln Sie zunächst für alle Einflußfaktoren deren heutige Ausprägung. Die Skala reicht von 0 – 10 (0 = keine Ausprägung, 10 = höchster Erfüllungsrad, 5 = durchschnittliche Erfüllung).

2. Ermitteln Sie nun für alle Einflußfaktoren *die* Ausprägung, die Sie zu einem bestimmten Zeitpunkt erreichen möchten. Gehen Sie dabei von einem Planungshorizont von weniger als zwei Jahren aus.

3. Ermitteln Sie anschließend in der Spalte „Differenz" die Punktunterschiede zwischen den Spalten Ausprägung „heute" und „morgen".

4. Ermitteln Sie jetzt die Durchschnittswerte.

5. Erarbeiten Sie für die wesentlichen Schwachstellen Maßnahmen zur Verbesserung.

Erste Variante zum „Effizienten Zeitmanagement"

Selbsteinschätzung

	selten (0)	häufig (3)	immer (5)
1. Ich plane meine Ziele und Aufgaben schriftlich	......	......	......
2. Ich differenziere in – kurzfristige – mittelfristige – langfristige Zielsetzungen und fixiere diese Termine	......	......	......
3. Ich kontrolliere meine Ziele und Aufgaben	......	......	......
4. Ich teile meine Zeit realistisch ein und reserviere ausreichend Spielraum für Unvorhergesehenes	......	......	......
5. Ich bekämpfe Störungen von Seiten Dritter	......	......	......

	selten (0)	häufig (3)	immer (5)
6. Ich delegiere alle delegierbaren Aufgaben, um ausreichend Zeit für das Wesentliche zu schaffen	....	....	....
7. Wenn ich Wichtiges zu erledigen habe, bringe ich es jederzeit fertig, nein zu sagen, wenn andere meine Zeit beanspruchen wollen	....	....	....
8. Meine zu erledigenden Aufgaben teile ich nach Prioritäten ein	....	....	....
9. Ich erledige meine Aufgaben nach ihrer Wichtigkeit	....	....	....
10. Jeden Arbeitsvorgang nehme ich nur einmal zur Hand	....	....	....
11. Ich bringe meine Arbeitszeit in Einklang mit meiner physiologischen Leistungs- bereitschaft	....	....	....
12. Ich steuere meinen Energie- Verbrauch durch eine sinnvolle Pausen-Planung			
13. Ich versuche, auch die „Kleckerzeiten" sinnvoll zu nutzen	....	....	....
14. Ich vermeide Unordnung bzw. Perfektionismus	....	....	....
15. Ich plane am Ende eines Arbeitstages den nächsten Tag und erstelle eine Aktivitätenliste	....	....	....

Zweite Variante zum „Effizienten Zeitmanagement"

Analyse der Ausprägungsgrade „Effektiver arbeiten"

Einflußfaktoren	Ausprägung heute morgen (0–10)		Differenz	Maßnahmen
1. Ziele setzen				
2. Planungen erarbeiten				
3. Aktivitäten festlegen				
4. Prioritäten setzen				
5. Kontrollen vornehmen				
6. Störungen beseitigen				
8. Nein-sagen können				
8. Delegieren können				
9. Ordnung halten				
10. Arbeiten finalisieren				
11. Konsequentes Arbeiten				
12. Innovativ sein				
13. Betroffene beteiligen				
14. Vordenken können				
15. Positiv denken				
16. Regeln erarbeiten				
17. Mitarbeiter motivieren				
18. Effektive Besprechungen				
19. Perfektion vermeiden				
20. Techniken nutzen				
Durchschnittswerte				

10. Test –
Kreativität

Ein Mangel an Kreativität (Test 10) oder eine hohe Streßbelastung (Test 11) verhindern oftmals eine erfolgreiche Persönlichkeitsentwicklung.

Finden Sie heraus, ob Sie an mangelnder Kreativität und Innovationsfähigkeit leiden oder ob Ihr Streßniveau entschieden zu hoch ist.

Bei der Auswertung des Kreativitäts-Tests gehen Sie von folgenden Punktegruppen aus:

0 – 15 Punkte:

> Sie sind noch weit davon entfernt, kreativ zu denken. Sie haben eine Chance, wenn Sie Ihre Annahmen über sich selber und Ihre Umwelt revidieren und sich auch Kreativität zutrauen.

16 – 30 Punkte:

> Kreativität ist Ihnen kein Buch mit sieben Siegeln mehr, aber Sie haben noch zahlreiche Barrikaden zu überwinden und sollten deshalb Ihre kreativen Fähigkeiten stärker trainieren.

31 – 45 Punkte:

> Ihre kreativen Fähigkeiten sind relativ gut, sie bedürfen aber noch einer intensiveren Pflege.

46 – 50 Punkte:

> Falls Sie alle zehn Annahmen verneint haben, können Sie stolz auf Ihre kreativen Fähigkeiten sein und zählen damit zum wertvollen, innovativen Potential Ihrer Firma.

Was hindert mich, kreativer zu sein?

Selbsteinstufung	ja (0)	häufig (3)	nein (5)
1. Ich hänge zu sehr an meinen eingefahrenen Denkweisen	......	......	......
2. Übernommene Grundsätze und Wertvorstellungen blockieren meine Einfallskraft	......	......	......
3. Mir fehlt das Zutrauen, kreativ zu sein	......	......	......
4. Ich unterwerfe alle meine Entscheidungen und Ideen nur logischen Kriterien	......	......	......
5. Ich habe Schwierigkeiten, Gedanken in Bilder umzusetzen und mir „Visionen" vorzustellen	......	......	......
6. Ich bestehe darauf, nur perfekte, fehlerlose Arbeit zu leisten	......	......	......
7. Für mich gibt es immer nur *eine* richtige Lösungsmöglichkeit	......	......	......
8. Ich bin der Meinung, daß spielerisches Denken eine seriöse Ideenfindung und Problemlösung verhindert	......	......	......
9. Ich beschränke mich bei der Ideensuche und Problemlösung ausschließlich auf mein eigenes Fachgebiet	......	......	......
10. Kreative Mitarbeiter sind unbequem und ein Hindernis für effiziente Unternehmensführung	......	......	......

11. Test – Streß-Anfälligkeit

Das Streß-Phänomen ist äußert vielschichtig. Als Auslöser für Streß kommen mehrere Faktoren in Frage. Diesem Test liegen die drei Faktorgruppen zugrunde:

1. Umfeldbezogene Kriterien
2. Aufgabenbezogene Kriterien
3. Personenbezogene Kriterien

Bei der Auswertung dieses Tests ist zu beachten:

1. Kreuzen Sie bei jeder Frage entweder ja / manchmal / nein an.
2. Alle Ja-Kreuze erhalten 2 Punkte
   Alle Manchmal-Kreuze erhalten 1 Punkt
   Alle Nein-Kreuze erhalten 0 Punkte.
3. Ermitteln Sie die Gesamt-Punktezahl, indem Sie die Werte von 11 a), 11 b) und 11 c) addieren.
4. Ordnen Sie Ihr Ergebnis in die entsprechende Kategorie ein.

0 – 15 Punkte:
Sie sind sehr streßstabil – dazu kann man Ihnen nur gratulieren!

16 – 30 Punkte:
Sie haben einige Schwächen aufzuweisen und fühlen sich deshalb gelegentlich gestreßt. Sie befinden sich noch im Bereich der Norm, sollten aber dennoch etwas gegen Ihre Schwachstellen tun!

31 – 45 Punkte:
Der Streß beginnt Ihnen ernsthafte Probleme zu bereiten, obwohl Sie sich nicht unbedingt als gestreßt fühlen. Sie sollten mit System an sich arbeiten und langsam Ihre Streß-Toleranzgrenze erhöhen!

46 – 60 Punkte:
Man kann Sie als äußerst streßempfindlich bezeichnen. Gehen Sie gezielt Ihre zahlreichen Schwachstellen an und bemühen Sie sich um mehr Gelassenheit – auch ausreichend Bewegung an frischer Luft kann wahre Wunder wirken!

über 61 Punkte:
Eine Lebensumstellung tut dringend not – sonst laufen Sie Gefahr, sich vorzeitig zu verschleißen!

Test 11 a) Streß-Faktoren **umweltbezogen**

Selbsteinstufung   persönliche Streß-Belastung

	ja (2)	manchmal (1)	nein (0)
1. Möchten Sie gerne Wesentliches in Ihrem Umfeld verändern?	......	......	......
2. Haben Sie das Gefühl, einmal aus Ihrem Umfeld ausbrechen zu wollen?	......	......	......
3. Regen Sie sich häufig über das Verhalten anderer (z. B. Kollegen, Vorgesetzte, Partner) auf?	......	......	......
4. Versuchen Sie, es anderen immer recht zu machen?	......	......	......
5. Richten Sie Ihre persönlichen Entscheidungen auch nach den Vorstellungen anderer?	......	......	......
6. Gehen Sie Konflikten mit anderen durch das Verdrängen der Ursachen aus dem Weg?	......	......	......
7. Provozieren Sie durch Ihr Verhalten bzw. durch Ihre Einstellung häufig Konflikte mit Kollegen/Freunden?	......	......	......
8. Müssen Sie bei Ihrer täglichen Fahrt zur Arbeitsstätte häufig lange Wartezeiten im Stau verbringen?	......	......	......
9. Bedeutet für Sie die Zerstörung der Umwelt eine starke seelische Belastung?	......	......	......

Selbsteinstufung

persönliche Streß-Belastung

	ja (2)	manchmal (1)	nein (0)
10. Sind politische Umstände/ Entscheidungen für Sie häufig ein Ärgernis?	......	......	......
11. Ist die Erwartungshaltung anderer an Sie zu hoch?	......	......	......
12. Richten Sie sich häufig nach den Wertvorstellungen anderer, anstatt eigene Richtlinien für Ihr Leben aufzustellen?	......	......	......
13. Haben Sie das Gefühl, daß alle anderen mehr Glück haben als Sie selber?	......	......	......
14. Sind Sie vom Wohlwollen und der Zustimmung der Menschen in Ihrem Umfeld abhängig?	......	......	......
15. Glauben Sie, daß Sie unter anderen Rahmenbedingungen, d. h. in einem anderen Umfeld, erfolgreicher geworden wären?	......	......	......

Punkte-Zahl .... für Test 11 a)

Ernährungsbedingte und körperbedingte Stressoren werden nicht berücksichtigt.

Test 11 b) Streß-Faktoren **aufgabenbezogen**

Selbsteinstufung

persönliche Streß-Belastung

	ja (2)	manchmal (1)	nein (0)
16. Fühlen Sie sich an Ihrem Arbeitsplatz unentbehrlich?	......	......	......
17. Müssen Sie Ihr Arbeitspensum meist unter Zeitdruck erledigen?	......	......	......
18. Müssen Sie sich zur Arbeit zwingen und sind anschließend dann ganz ausgelaugt?	......	......	......
19. Fühlen Sie sich trotz körperlicher Erschöpfung nach der Arbeit meist ruhelos?	......	......	......
20. Brauchen Sie Aufputschmittel, um erst richtig in Schwung zu kommen?	......	......	......
21. Nehmen Sie Ihre Arbeit und Ihre Probleme auch mit in die Freizeit?	......	......	......
22. Schweifen Ihre Gedanken von der augenblicklichen Tätigkeit häufig zu Aufgaben ab, die Ihnen mehr Freude bereiten?	......	......	......
23. Sehen Sie Ihre augenblickliche Arbeit als sinnlos bzw. entbehrlich an?	......	......	......
24. Fühlen Sie sich durch die Aufgabenstellung überfordert / unterfordert?	......	......	......

Selbsteinstufung

persönliche Streß-Belastung

	ja (2)	manchmal (1)	nein (0)
25. Ist es Ihnen unmöglich, Ihre Arbeitszeit effizient zu planen bzw. zeitsparende Arbeitstechniken anzuwenden?	......	......	......
26. Glauben Sie, daß Ihre Fähigkeiten/ Fertigkeiten für Ihren gegenwärtigen Tätigkeitsbereich nicht ausreichen?	......	......	......
27. Haben Sie Schwierigkeiten, Ihr Wissen/Können auch in die Praxis umzusetzen?	......	......	......
28. Werden Ihnen in Ihrer Karriere-Entwicklung zu viele Steine in den Weg gelegt?	......	......	......
29. Leidet Ihre Leistungsbereitschaft unter einem demotivierenden Führungsverhalten Ihres Vorgesetzten?	......	......	......
30. Glauben Sie, den falschen Beruf gewählt zu haben bzw. derzeit auszuüben?	......	......	......

Punkte-Zahl .... für Test 11 b)

Test 11 c) Streß-Faktoren **personenbezogen**

Selbsteinstufung

persönliche Streß-Belastung

	ja (2)	manchmal (1)	nein (0)
31. Sind Sie mir Ihrer persönlichen Lebenssituation unzufrieden?	....	....	....
32. Haben Sie Minderwertigkeits- komplexe bzw. ein negatives Selbstbild?	....	....	....
33. Können Sie sich auch in Ihrer Freizeit nicht mehr richtig entspannen und abschalten?	....	....	....
34. Tun Sie sich schwer, in Ihrem persönlichen Bereich Entschei- dungen zu treffen und diese dann auch durchzusetzen?	....	....	....
35. Schlafen Sie schlecht und fühlen Sie sich morgens dann wie gerädert?	....	....	....
36. Fehlen Ihnen in Ihrer Lebens- planung konkrete Ziele und Vorstellungen?	....	....	....
37. Haben Sie das Gefühl, im Leben alles falsch gemacht zu haben?	....	....	....
38 Sind Sie in allem sehr genau und überehrgeizig?	....	....	....
39. Fühlen Sie sich oft müde, abgespannt und lustlos?	....	....	....
40. Sind Sie sehr lärmempfindlich und neigen leicht zu Kopfschmerzen?	....	....	....

Selbsteinstufung

persönliche Streß-Belastung

	ja (2)	manchmal (1)	nein (0)
41. Haben Sie häufig das Gefühl, daß Ihnen die Decke auf den Kopf fällt?	......	......	......
42. Sind Sie der Meinung, daß andere Menschen ihr Leben erfolgreicher bewältigen?	......	......	......
43. Glauben Sie, daß Sie vom Schicksal besonders benachteiligt werden?	......	......	......
44. Nehmen Sie an, daß Sie eher zu den Pessimisten gehören?	......	......	......
45. Möchten Sie Ihr Leben nochmals von vorne beginnen?	......	......	......

Punkte-Zahl .... für Test 11 c)

12. Test – Motivationsverhalten

Längst ist bekannt, daß Informationen und damit generell auch unser Wissen zu den wesentlichen Ressourcen unserer Gesellschaft gehören. Im Gegensatz zu den klassischen Ressourcen der Natur – die sehr begrenzt sind – haben Informationen den Vorteil, sich nicht zu verbrauchen, das heißt, unbegrenzt zu sein. Die wachsende Rolle der Information und die zunehmende Fähigkeit, sie auf allen Gebieten optimal einzusetzen und auszuwerten, verändert in hohem Maße alle Aktivitäten unserer Gesellschaft. Eine erhöhte Lernbereitschaft und eine positive Motivation sind jedoch maßgebende Voraussetzungen dafür. Viele Menschen verfügen heute zwar über ein eindrucksvolles Wissen und Können; das meiste davon bleibt jedoch ungenutzt, weil die Einsatzbereitschaft mangels menschlich fundierter Motivation fehlt – denn die innere Einstellung zur Aufgabe ist es vor allem, die Leistung und Ergebnisse schafft. Um nun die eigenen Fähigkeiten optimal nutzen zu können, ist es notwendig, sich individuelle Anreize zu schaffen, um einen hohen Motivationsgrad zu erreichen. Wie es mit Ihrer persönlichen Motivation bestellt ist, erfahren Sie aus dem folgenden Test.

Für die Auflösung dieses Tests gelten folgende Punktegruppen:

10 – 18 Punkte:
Sie sind vorwiegend intrinsisch motiviert, d. h., für Sie ist eine Aufgabenstellung als solche wichtig und bereits ein ausreichender Anreiz für Leistung.
Sie lernen in erster Linie aus Neugierde, Spaß am Lernen und weil Sie eine Sache besonders interessiert.

19 – 30 Punkte:
Ihre Motivation basiert auf recht unterschiedlichen Voraussetzungen und ist nicht so klar abzugrenzen. Oft sind andere (Freunde, Kollegen) der Grund, warum Sie etwas tun bzw. motiviert sind.
Für Sie bedeutet vor allem die Konkurrenz und der Wettbewerb mit anderen einen Antrieb für Leistung.

31 – 50 Punkte:
Sie sind vorwiegend extrinsisch motiviert, d. h. für Sie sind äußere Faktoren ausschlaggebend für Ihre Motivation.
Sie lernen in erster Linie für eine zu erwartende Belohnung, eine besondere Anerkennung durch andere oder weil Sie dadurch größere Aufstiegschancen erwarten.

Mein eigenes Motivationsverhalten

	ja	nein
1. Eine interessante Aufgabenstellung ist für mich bereits ein ausreichender Anreiz für deren Bewältigung	(1)	(5)
2. Ich bin sehr zufrieden, wenn das Leistungs- ergebnis meinen selbstgesetzten Anforderungen entspricht	(1)	(5)
3. Eine gute Leistung wird erst mit deren Anerkennung durch mein Umfeld für mich erstrebenswert	(5)	(1)
4. Mein eigenes Erfolgserlebnis ist für mich die wichtigste Belohnung für meine Leistung	(1)	(5)
5. Ein positives Betriebsklima und gute zwischenmenschliche Beziehungen sind für mich Voraussetzungen für gute Leistungen	(5)	(1)
6. Eine angemessene und gerechte Entlohnung für gute Leistungen ist für mich besonders motivierend	(5)	(1)
7. Meine Leistungen sollen mich in erster Linie meinen eigenen Zielen näherbringen	(1)	(5)
8. Je größer meine Aufstiegschancen sind, desto besser werden meine Leistungen	(5)	(1)
9. Da mir die Sicherheit meines Arbeitsplatzes sehr wichtig ist, erbringe ich dafür über- durchschnittliche Leistungen	(5)	(1)
10. Ich sehe in einem interessanten Betätigungs- feld ein persönliches Bedürfnis und eine sinnvolle Aufgabenstellung	(1)	(5)

13. Test – Gesprächsverhalten

Selbsteinstufung	ja	nein
1. Ist mir bewußt, daß die nonverbale Kommunikation mehr über die wirkliche Gesinnung meines Gesprächspartners verrät, als die verbale Sprache?	(5)	(1)
2. Ist für mich ein Widerspruch in der verbalen und nonverbalen Kommunikation für eine erfolgreiche Gesprächsführung von Bedeutung?	(5)	(1)
3. Beachte ich bei der Verhandlungsführung neben der eigenen Zielsetzung auch jene meines Gesprächspartners?	(5)	(1)
4. Bin ich in der Lage, mich auch bei schwierigen Verhandlungen in die Lage meines Partners hineinzuversetzen?	(5)	(1)
5. Bewerte ich mein Gegenüber aufgrund von Vorab-Informationen von Seiten Dritter?	(1)	(5)
6. Bin ich stets darauf bedacht, meinem Umfeld größtmöglichen Nutzen zu bieten?	(5)	(1)
7. Wird mir mein Gesprächspartner aufgrund eines gemeinsamen Hobbys sympathischer?	(1)	(5)
8. Genügen mir bestimmte, charakteristische Merkmale bei einem Menschen, um Rückschlüsse auf seinen Charakter/ sein Verhalten zu ziehen?	(1)	(5)
9. Versuche ich, während eines Gesprächs eine harmonische und positive Atmosphäre herzustellen?	(5)	(1)

	ja	nein
10. Bin ich der Ansicht, daß es bei problematischen Verhandlungen auch zwei Gewinner geben kann?	(5)	(1)
11. Bewerte ich bei meinem Gesprächspartner fehlenden Blickkontakt positiv?	(1)	(5)
12. Bereite ich mich persönlich und sachlich optimal auf ein Gespräch vor?	(5)	(1)

Ergebnis:

12 – 25 Punkte:

Sie sind noch weit davon entfernt, eine erfolgreiche Gesprächsführung vorzuweisen. Vielleicht sollten Sie verstärkt erkennen, daß dies nicht immer nur an Ihrem Gesprächspartner liegt, sondern auf Ihr eigenes Fehlverhalten zurückzuführen ist.

26 – 45 Punkte:

Sie sollten sich bei Ihrer relativ erfolgreichen Gesprächsführung noch stärker die psychologischen Erkenntnisse über effiziente Verhandlungen zunutze machen.

46 – 60 Punkte:

Mit Ihnen als Gesprächspartner kann eine Gesprächsführung nur positiv verlaufen, da Sie die Gesetzmäßigkeiten menschlichen Verhaltens weitgehendst berücksichtigen und im wesentlichen auf Ihre Gesprächspartner eingehen.

14. Test – Führungsstil-Analyse

Dieser Test wird in zwei Varianten wiedergegeben. Die erste Variante zeigt die Formulierung aus der Sicht des „Selbstbildes", die zweite Variante spiegelt das „Fremdbild" wieder. Es empfiehlt sich, den Test aus eigener Sicht, wie auch aus der Sicht anderer durchzuführen. Dadurch ist eine gewisse Kontrolle möglich.

Variante a): Mein Führungsstil

Im folgenden finden Sie 20 Sätze, von denen jeweils zwei unter einer laufenden Nummer zusammengefaßt sind. Geben Sie bitte jedem Satz die Gewichtung, die Sie selbst ihm beimessen. Jeder Satz kann prinzipiell 0 bis 10 Punkte erhalten. 10 ist das höchste, 0 ist das niedrigste Gewicht, aber die Summe der beiden zusammengehörigen Sätze muß 10 Punkte betragen.

Beispiel Entscheidungssituation 1:
Sind Sie der Ansicht, daß Sie bei der Beantwortung der Aussage 1a) 7 Punkte vergeben, dann tragen Sie bitte in die Spalte a 7 Punkte ein. Für die Beantwortung der Frage 1 b) verbleiben 3 Punkte. Tragen Sie diesen Wert in die Spalte b ein.

	Punkte	Antwort
Entscheidungssituationen:	a	b
1a) Selbst in für mich schwierigen Situationen ist leicht mit mir zu reden.	......	
b) Man muß sorgfältig den Zeitpunkt wählen, wann man mit mir reden will.		......
2a) Ich frage manchmal nach Beiträgen, habe mich normalerweise aber schon festgelegt.	......	
b) Ich versuche, die Vorteile der Mitarbeiter-Beiträge zu verstehen, selbst wenn sie im Gegensatz zu meinen Ideen stehen.		......

	Punkte	Antwort
	a	b
3a) Ich versuche, meinen Mitarbeitern dabei zu helfen, die Ziele des Unternehmens zu verstehen.	......	
b) Ich lasse meine Mitarbeiter selbst herausfinden, welche Bedeutung die Unternehmensziele für sie haben.		......
4a) Ich versuche, meinen Mitarbeitern Zugang zu allen Informationen zu geben, die sie wünschen.	......	
b) Ich gebe meinen Mitarbeitern die Informationen, von denen ich glaube, daß sie sie brauchen.		......
5a) Ich neige dazu, meinen Mitarbeitern Arbeitsziele zu setzen und Anweisungen zu geben, wie diese erfüllt werden können.	......	
b) Ich beteilige meine Mitarbeiter bei der Lösung von Problemen und Festlegen von Arbeitszielen.		......
6a) Ich neige dazu, meinen Mitarbeitern von der Verwirklichung neuer Ideen abzuraten.	......	
b) Ich ermutige meine Mitarbeiter, neue Wege zu beschreiten.		......
7a) Ich toleriere die Fehler der Mitarbeiter, solange diese daraus lernen.	......	
b) Ich lasse nur wenig Raum für Fehler, besonders, wenn sie mich selbst in Schwierigkeiten bringen.		......
8a) Ich versuche hauptsächlich Fehler zu korrigieren und Wege zu entwickeln, die Wiederholungen in der Zukunft vermeiden.	......	
b) Wenn etwas schief gegangen ist, neige ich dazu, den Schuldigen herauszufinden.		......

Punkte Antwort

	a	b

9a) Meine Meinungen über Mitarbeiter und
die Erwartungen an sie schwanken. ......

b) Ich habe eine hohe Meinung über Mitarbeiter
und erwarte viel von ihnen. ......

10a) Ich erwarte hohe Leistung und gebe
Anerkennung, wenn sie erreicht ist. ......

b) Ich erwarte angemessene Aufgaben-
erfüllung und sage nur etwas, wenn es
schief gegangen ist. ......

Auswertungstabelle

1	b..............	a..............
2	a..............	b..............
3	b..............	a..............
4	b..............	a..............
5	a..............	b..............
6	a..............	b..............
7	b..............	a..............
8	b..............	a..............
9	a..............	b..............
10	b..............	a..............
Summe	_____	_____

In die Auswertungstabelle werden die Ergebnisse aus den 10 Entscheidungssituationen eingetragen. Ein erster Anhaltspunkt für einen guten Führungsstil ist dann gegeben, wenn die Punktzahl in der rechten Spalte deutlich über der linken liegt. Eine sicherlich sehr grobe Orientierung könnten folgende Werte in der rechten Spalte geben:

51 – 58   zufriedenstellender Führungsstil
59 – 66   guter Führungsstil
67 – 74   sehr guter Führungsstil
> 75   Ergebnis ist zu überprüfen bzw. der Führungsstil kann zu Problemen führen.

Die adäquate Begrenzung in der Punktzahl der rechten Spalte ist durch die Entscheidungssituationen begründet. Während ein guter Führungsstil sich u. a. dadurch ergibt, daß die Frage 3 a) ein sehr hohes Gewicht erhält, (z. B. 8–10 Punkte), wird die Frage 4 a) eher eine ausgewogene bzw. leicht dominante Punktzahl im Vergleich zu 4 b) sinnvoll erscheinen lassen (z. B. 5–6 Punkte).

Es empfiehlt sich, die Beurteilung des Führungsstils sowohl von der Führungskraft als auch von den Mitarbeitern vornehmen zu lassen. Ein Vergleich der einzelnen Bewertungen gibt erste Hinweise für mögliche Gespräche.

Die Variante b) gibt die Antwort aus der Sicht der „anderen". Sie unterscheidet sich von der Variante a) nur durch die modifizierten Formulierungen.

Variante b): Der Führungsstil meines Vorgesetzten

Aufgabe:

Im folgenden finden Sie 20 Sätze, von denen jeweils zwei unter einer laufenden Nummer zusammengefaßt sind. Geben Sie bitte jedem Satz die Gewichtung, die Sie selbst ihm beimessen. Jeder Satz kann prinzipiell 0 bis 10 Punkte erhalten. 10 ist das höchste, 0 ist das niedrigste Gewicht, aber die Summe der beiden zusammengehörigen Sätze muß 10 Punkte betragen.

	Punkte	Antwort
Entscheidungssituationen:	a	b
1a) Selbst in für ihn schwierigen Situationen ist leicht mit ihm zu reden.	......	
b) Man muß sorgfältig den Zeitpunkt wählen, wann man mit ihm reden will.		......
2a) Fragt manchmal nach Beiträgen, hat sich normalerweise aber schon festgelegt.	......	
b) Versucht die Vorteile Ihrer Beiträge zu verstehen, selbst wenn sie im Gegensatz zu seinen Ideen stehen.		......

	Punkte	Antwort
	a	b

3a) Versucht, seinen Mitarbeitern dabei zu helfen, die Ziele des Unternehmens zu verstehen.   ....

 b) Läßt seine Mitarbeiter selbst herausfinden, welche Bedeutung die Unternehmensziele für sie haben.   ....

4a) Versucht seinen Mitarbeitern Zugang zu allen Informationen zu geben, die sie wünschen.   ....

 b) Gibt seinen Mitarbeitern die Informationen, von denen er glaubt, daß sie sie brauchen.   ....

5a) Neigt dazu, seinen Mitarbeitern Arbeits- ziele zu setzen und Anweisungen zu geben, wie diese erfüllt werden können.   ....

 b) Beteiligt seine Mitarbeiter bei der Lösung von Problemen und Festlegung von Arbeitszielen.   ....

6a) Neigt dazu, seinen Mitarbeitern von der Verwirklichung neuer Ideen abzuraten.   ....

 b) Ermutigt seine Mitarbeiter, neue Wege zu beschreiten.   ....

7a) Toleriert ihre Fehler, solange Sie daraus lernen.   ....

 b) Läßt nur wenig Raum für Fehler, besonders, wenn sie ihn selbst in Schwierigkeiten bringen.   ....

8a) Versucht hauptsächlich Fehler zu korri- gieren und Wege zu entwickeln, die Wiederholungen in der Zukunft ver- meiden.   ....

 b) Wenn etwas schief gegangen ist, neigt er dazu, den Schuldigen herauszufinden.   ....

	Punkte Antwort	
	a	b
9a) Seine Meinungen und Erwartungen über Mitarbeiter schwanken.	......	
b) Konstant hohe Meinung und Erwartungen über seine Mitarbeiter.		......
10a) Erwartet hohe Leistung und gibt Anerkennung, wenn sie erreicht ist.	......	
b) Erwartet angemessene Aufgabenerfüllung, sagt nur etwas, wenn es schief gegangen ist.		......

15. Test - Mitarbeiter-Analyse
10 Vorschläge zur Zusammenarbeit

Versuchen Sie, die folgenden 10 Fragen zu beantworten. Vergeben Sie für jede Frage entsprechend Ihrer Einordnung Punkte, wobei eine Skalierung von 0 bis 10 möglich ist (0 = nein, ja = 10).

1. Kennen Sie die konkreten Ziele Ihres Chefs? ....

2. Denken Sie bei der Realisierung Ihrer Ziele auch an die Ziele Ihres Chefs? ....

3. Können Sie behaupten, daß Sie Ihre Aufgaben selbständig zur vollen Zufriedenheit der Abteilung lösen?...

4. Sorgen Sie dafür, daß Ihr Chef gut dasteht? ....

5. Gehen Sie mit Schwung an neue Aufgaben heran, und betonen Sie im Grundsatz das Positive?..............

6. Kann sich Ihr Chef auf Ihre Zusagen verlassen? ....

7. Beweisen Sie durch Arbeitseifer Engagiertheit und Verantwortungsgefühl? ....

8. Können Sie Ihrem Chef gut zuhören? ....

9. Bieten Sie entscheidungsfähige Alternativen an?.........

10. Denken Sie daran, daß die Zeit für Ihren Chef kostbar ist? ....

Summe

Hinweis zum Ergebnis:
Es wäre wünschenswert, ein Ergebnis mit
mehr als 60 Punkten zu erreichen.

Aufgrund der vorangegangenen Analysen zum persönlichen und beruflichen Entwicklungsstand kennen Sie jetzt den generellen Standort Ihrer Persönlichkeit. Um aber etwas Entscheidendes zu bewirken, reicht das Wissen alleine nicht aus – jetzt müssen Maßnahmen und Aktivitäten zur erfolgreichen Persönlichkeitsentwicklung geplant und vor allem auch *umgesetzt* werden.

Entdecken Sie sich durch diese Analysen selbst und leben Sie sich selbst!

Verweigern Sie sich irgendwelchen, von anderen gesetzten Normen – gehen Sie Ihren eigenen Weg!

Tragen Sie nicht aus Angst vor Entdeckung durch andere oder aus Unsicherheit gegenüber Ihrer Umgebung eine Maske – versuchen Sie, ohne Maske zu leben und trennen Sie sich von irgendwelchen Rollen, die Sie zur Selbsttarnung benutzen.

Sie gewinnen erst dann an *Stärke,* wenn Sie zu Ihren inneren und äußeren Schwächen stehen!

Literaturverzeichnis

de Bono, Edward: Erfolg – Zufall, Intuition oder Planung?
Die Strategien und Taktiken erfolgreicher Menschen.
Verlag moderne verlagsgesellschaft, Landsberg am Lech 1984.

Bürkle, Hans: Aktive Karrierestrategie – Erfolgsmanagement
in eigener Sache.
Frankfurter Allgemeine Zeitung / Betriebswirtschaftlicher Verlag Dr. Th. Gabler, Frankfurt am Main, Wiesbaden 1986.

Buzan, Tony: Kopftraining: Anleitung zum kreativen Denken.
2. Aufl. München 1984.

Buzan, Tony: Use Your Head. Hrsg. von der British Broadcasting Corporation (BBC) als Begleitliteratur zu einer Fernsehreihe von Nancy Thomas., 3. Aufl., London 1976.

Döring, Klaus W.:   System Weiterbildung.
Beltz Verlag, Weinheim, Basel 1987.

Garfield, Charles, A.:   Erfolg aus Passion. Verlag moderne industrie,
Landsberg am Lech 1987.

Helfrecht, Manfred: Planen, damit's leichter geht.
Teil I: Sie können Ihr Leben selbst bestimmen.

Teil II: Wie Sie Ziele erreichen und Probleme lösen.
Helfrecht Verlag und Druck GmbH, Bad Alexanderbad 1985.

Hirt, Josef: Die Hirt-Methode. Orientierung über die Hirt-Methode und ihre Aneignung.
Josef Hirt AG, Institut für optimale Arbeits- und Lebensgestaltung, Zürich 1984.

Hülshoff, Friedhelm;   Training – Rationeller lernen und arbeiten.
Kaldewey, Rüdiger: Ernst Klett Verlag Stuttgart 1976.

Löwe, Hans: Einführung in die Lernpsychologie des Erwachsenenalters.
Lizenzausgabe für die Bundesrepublik Deutschland.
Studien-Bibliothek Kiepenheuer & Witsch, Köln.
VEB Deutscher Verlag der Wissenschaften, Berlin 1976.

Lozanov, Georgi: Suggestology and Outlines of Suggestopedia.
New York 1978.

Mewes Wolfgang: Energie-Kybernetische Strategie (EKS),
Frankfurt 1986.

Nagel, Kurt; Werner, Jürgen:	Das Unternehmungsspiel: Betriebswirtschaftliches Entscheidungstraining. Ein Planspiel auf dem PC. 2. erw. Aufl. Oldenbourg Verlag, München 1988.
Nagel, Kurt:	Die 6 Erfolgsfaktoren des Unternehmens. 5. erw. Aufl., Verlag moderne industrie, Landsberg am Lech 1993.
Nagel, Kurt; Rasner, Carsten:	Herausforderung Kunde. Verlag moderne industrie, Landsberg am Lech 1993.
Nagel, Kurt:	Nutzen der Informationsverarbeitung. 2. Aufl. Oldenbourg Verlag, München 1990.
Nagel, Kurt:	Die 6 Erfolgsfaktoren des Unternehmens. 5. Aufl., Verlag moderne industrie, Landsberg am Lech 1995.
Nagel, Kurt:	Praktische Unternehmensführung. Instrumente, Methoden, Analysen. Loseblattwerk. Verlag moderne industrie, Landsberg am Lech 1996.
Nagel, Kurt:	200 Strategien, Prinzipien und Systeme für den persönlichen und unternehmerischen Erfolg. 6. erw. Aufl. Verlag moderne industrie, Landsberg am Lech 1996.
Nagel, Kurt:	Weiterbildung als strategischer Erfolgsfaktor. 3. Aufl. Verlag moderne industrie, Landsberg am Lech 1993.
Ostrander, Sheila; Schroeder, Lynn:	Leichter lernen ohne Streß. Super Learning, 4. Aufl. Bern, München 1985.
Peale, Norman, Vincent:	Das Ja zum Leben – Der positive Mensch in unserer Zeit. mvg moderne Verlagsgesellschaft, Landsberg am Lech 1986.
Schräder-Naef, Regula, D.:	Rationeller Lernen. Beltz Verlag, Weinheim, Basel 1971.
Schräder-Naef, Regula D.:	Keine Zeit? Sinnvolle Zeiteinteilung im Alltag. 2. überarbeitete Aufl. Beltz Verlag, Weinheim, Basel 1987.
Seiwert, Lothar, J.:	Mehr Zeit für das Wesentliche. So bestimmen Sie Ihre Erfolge selbst durch konsequente Zeitplanung und effektive Arbeitsmethodik. 12. Aufl., Verlag moderne industrie, Landsberg am Lech 1992.
Selye, Hans:	Stress – Bewältigung und Lebensgewinn. 2. Aufl., R. Piper Verlag, München 1988. Originalausgabe: Stress Without Distress. Philadelphia, New York 1974.

Spinola, Roland;
Peschanel, Frank D.:   Das Hirn-Dominanz-Instrument (HDI).
GABAL Band 26. Hrsg. von Prof. Dr. Hardy Wagner und Prof. Dr.
Lothar Seiwert.
GABAL. Speyer 1988.

Stielau-Pallas, Alfred R.: Die zehn Gebote für Ihren Erfolg. 3. veränderte Aufl.
Norman Rentrop, Bonn 1988.

Thiele, Albert: Karriereziele verwirklichen. Verlag moderne industrie,
Landsberg am Lech 1988.

Vester, Frederic: Denken – Lernen – Vergessen.
Lizenzausgabe für den Deutschen Bücherbund.
Deutsche Verlags-Anstalt GmbH, Stuttgart 1975.

Vester, Frederic: Leitmotiv vernetztes Denken.
Heyne Verlag, München 1988.

Vester, Frederic: Sensitivitätsmodell, Frankfurt a. Main 1980.

Waitley, Denis: Psychologie des Erfolgs.
Zehn Eigenschaften der Erfolgreichen.
Eduard Müller Verlag für Wirtschaftsinformation,
Küsnacht (Schweiz) 1983.

Programmverzeichnis:

PERTAN: Persönliche und Team-Erfolgsanalyse.
Preis: DM 68,–. Zu beziehen über „Systeme für Erfolg“,
Fax-Nr. 07031/804799.

SUBER: Strategische Unternehmensanalyse und -beratung.
Preis: DM 249,–. Zu beziehen über „Systeme für Erfolg“,
Fax-Nr. 07031/804799.

Register

Aktive Mitarbeit 110
Aktives Telefonieren 25
Aktives Zuhören 111f.
Aktivitäten 13ff.
Alpen-Methode 16
Arbeiten, zielstrebiges 18ff.
Arbeitsplatz, Organisation 131ff.
Arbeitsziele 11f.
Assoziationen 101ff., 107

Befugnis 20
Besprechungen 37ff.
Beyer-Methode 96f.
Bionik-Methode 57
Blickkontakt 34
de Bono 153f.
Brainstorming 48f.
Bürkle 153
Buzan 100ff.

Chancenanalyse 142
Checkliste, Folien 91f.
Checkliste, Hilfsmittel 89f.
Checklisten-Methode 55
Checklisten-Vermittlungstechnik 85ff.

Delegation 14, 20f.
Denkmuster 101ff.
Dialektik-Methode 57
Dias 81
Diskussionsleitung 37ff.

Eigeninitiative 149
Eigenregie 137
Einzelziele 11ff.
Eisenhower-Prinzip 16
Empfehlungen, ärztliche 23f.
Energo-Kybernetische Strategie
  (EKS) 141ff.
Entscheidungsfindung 46ff.
Entscheidungsfindung, Techniken 59ff.
Entscheidungstabellentechnik 64ff.
Erfolgskontrolle 69
Erfolgskonzepte 135ff.
Erfolg-System 149ff.
Erinnerungsfähigkeit 107ff.
Erwartungshaltungen 32ff.
Eustreß 22f.

Filme 81
Flipcharts 80
Freizeit 23f.
Führung 150

Garfield 153
Gedächtniswirkung 110ff.
Gehirn-Aufbau 99ff.
Gehirn-Funktionsweise 99ff.
Gedächtnismodell 107ff.
Gedächtnisstufen 107ff.
Gedächtnisleistung 108ff.
Gespräche 33ff.
Gesprächsarten 35ff.
Gesprächsatmosphäre 34ff.
Gesprächspartner 33ff.
Gordon-Methode 53
Großmann-Methode 144ff.
Grundsätze 152

Hafttafel/Magnetfeld 80f.
Hilfsmittel 79ff.
Hill/Stone 154
Hirt-Methode 147f.
Hobby 24
Hülshoff, Friedhelm 17f.

Ideenfindung 47ff.
Ideensammlung, Formular 48
Informationsverarbeitung 26ff., 99f.

Kartenabfrage 50ff.
Killerphrasen 34f.
Kleckerzeiten 22
Kompetenzen 20
Konferenzen 37ff.
Konferenzleiter 37
Konferenzteilnehmer 37
Kontaktherstellung 34f.
Kontrolle 17ff.
Konzentration 129ff.
Konzentrationshilfen 129
Konzentrationsphasen 18f.
Konzentrationstraining 129f.
Kosteneinsparung 30
Kurzzeitspeicher 107f.

Lakein, Alan 10

Langzeitspeicher 107f.
Lebensziele 11
Lehrmethoden 77ff.
Lehrprogramm 66f.
Leistung 151f.
Lernen 98ff.
Lernerfolg 107ff., 110ff.
Lernhilfen 104f.
Lernmethoden 121ff.
Lernleistungen 107ff.
Lernplateau 113
Lernvorgang 107ff.
Lesetechniken 124ff.
Lozanov 95ff.
Löwe, Hans 98, 108ff.

Management by exception 22
Mandino 154
Merkfähigkeit 107ff.
Meta-Plan-Technik 50ff.
Methode 635 54
Mewes, Wolfgang 140ff.
Mind Map 100ff.
Minimumfaktor 143
Mitarbeiterziele 11ff.
Mnemotechnik 104f.
Modelle 82
Monatskontrolle 18f.
Morgenstern, Christian 11
Morphologische Methode 55
Motivation 74, 127ff.
Mozart, Wolfgang Amadeus 22

Naef, Regula D. 113ff.
Nagel 149ff., 155ff.
Nutzwertanalyse 61ff.

Organisation 150f.
Organisationsmittel 20
Ostrander 95

Pareto's Gesetz 17
Pausen 23f.
Peale 153
Perfektionismus 19f.
Personalcomputer 38, 64
Persönliche Erfolgsanalyse 160ff.
Physiologische
    Leistungsbereitschaft 113f.
Prinzip der Analogie 47ff.
Prinzip der Analyse 47ff.
Prinzip der Intuition 47ff.
Prioritäten 13f.
Problemanalyse 142f.

Protokoll 37f.
Prüfungen, Lernen auf 133f.

Qualitätszirkel 57f.

Referat 70ff.
Reisezeiten 22
Rücksichtnahme 149f.

Schnell-Lese-Technik 121f.
Schlüsselkonzepte 110ff.
Schulungsprogramm 67ff.
Schweizer-Käse-Technik 22
Seiwert 153
Selbstachtung 38
Selbstdarstellung 39
Selbstdimension 38
Selbstdisziplin 37
Selbsteinschätzung 37
Selbstentwicklung 165ff.
Selbsterkenntnis 38, 165ff.
Selbsterwartung 36
Selbstkontrolle 131, 137
Selbstmördereröffnung 34
Selbstmotivation 136f.
Selye, Hans 22f., 153f.
Spezialisten 20
Stärkenanalyse 141
Stiellau-Pallas 154
Störungen 20f.
Stoffprogramm 66ff.
Streß 22f.
Streßniveau 23
Superlearning 95ff.
Synektik 56
Synopse 153f.

Tageskontrolle 17f.
Tageslichtprojektor 79f.
Teilziele 11ff.
Telefon 21, 25f.
Telefongespräche 25f.
Tests 163ff.

Übergangszeiten 22
Ultrakurzzeitgedächtnis 107f.
Unordnung 19
Unterrichtsgestaltung 66ff.
Unternehmensanalyse 158ff.

Verantwortung 20
Verhandlungsführung 33ff.
Vermitteln 66ff.
Vermittlungstechniken 85ff.